日常語なのに
日本人が知らない英語の本
English That Leaves Japanese in the Dust

アメリカ人が
いま
使っている！

ジャン・ユンカーマン ＋ 松本 薫

さくら舎

はじめに

アメリカ人と国際結婚などしておきながら、じつは英語があまり得意でなかった日本人妻は、アメリカ移住後、それなりに苦労しました。必要に迫られて地元のアダルトスクールの英会話教室に通いはじめたところ、クラスメイトは日本人3人、韓国人3人、ベトナム人2人、ロシア人、コロンビア人、チリ人……じつに国際色豊かな面々でした。

まず驚いたのは、彼らが話す英語の文法がメチャクチャなこと。しかも、そのメチャクチャみたいな英語が立派に通用してしまうことでした。チリ人の一人がなにげなく口にした言葉にpain in the ass（本書24ページ参照）があります。「なんて下品な」と思ったものですが、その後、アメリカ社会で頻繁に使われていることを知り、愕然としました。

一方、日本人グループは、ほとんど発言できませんでした。「正しい英語を」と思えば思うほど「言葉が出てこない」の悪循環です。結局のところ、英会話上達の近道は「正しい」などではありません。「伝えたい」「わかってもらいたい」と思ったことを、その瞬間、どれだけ反応よく生きた言葉にできるか、そこに尽きるのではないでしょうか。

そうした瞬発力を身につけるためには、「あ、いま英語で言いたい」と思ったことを、とりあえず英語として発してみることです。本書がそのための一助になれば、これ以上、喜ばしいことはありません。

CONTENTS

はじめに …………………………………………………………… 1
発音や記号について ……………………………………………… 7

Part 1
日常語なのに言えない言葉

- **イケメン**〈雰囲気、センス、生き方までかっこいい！〉………… 12
- **意識が高い人**〈プロ意識が高い、美意識が高い〉………… 14
- **イタい**〈「痛い！」ときは "Ouch!" だけれど〉………… 16
- **いっぱいいっぱい**〈金銭的に？　精神的に？〉………… 18
- **イラッとくる**〈「イラッ！」から「ぶち切れる」まで〉………… 20
- **上から目線**〈important の限界!?〉………… 22
- **うざい**〈アメリカ人は虫が「うざい」〉………… 24
- **おたく**〈アメリカのおたくの条件〉………… 26
- **おもてなし**〈日本の専売特許ではない〉………… 28
- **肩身が狭い**〈a shoulder to cry on と言えば「相談相手」〉………… 30
- **きもい**〈「不気味」とか「変」なら weird だけど〉………… 32
- **逆ギレする**〈スパイの世界の blowback〉………… 34

- **空気を読む**〈正しくは「KYN」では？〉……… 36
- **くさい**〈悪臭はP.U.、「うさんくさい」「わざとらしい」は？〉…… 38
- **結果を出す**〈いちばんぴったりくる言い方〉……… 40
- **ケバい**〈ゴージャスでもなく〉……… 42
- **心が折れる**〈がっくりするのは lose heart〉……… 44
- **婚活**〈婚活中のアメリカ人は〉……… 46
- **さくさくと**〈quickly、casually、easily もいいけれど〉……… 48
- **残念な感じ**〈「残念な人」はどう言うか？〉……… 50
- **失言**〈社会的影響力がある人の失言、一般庶民の失言〉……… 52
- **賞味期限**〈人間にもある賞味期限？〉……… 54
- **地雷を踏む**〈日本女性の地雷!?〉……… 56
- **想定内**〈expect よりもぴったりの単語〉……… 58
- **ダサい**〈アメリカの若者が使う dork や corny はNG〉……… 60
- **近いうちに…**〈before long、sometime soon もあいまい〉……… 62
- **チャラ男**〈playboy だと「オシャレ」になってしまう〉……… 64
- **テンションが高い**〈tension は「緊張」や「張力」のこと〉……… 66
- **テンパる**〈「あと一手」のドキドキハラハラ感〉……… 68
- **どん引き**〈turn-off だとうんざり程度〉……… 70
- **なかったことにする**〈便利な言いまわしは万国共通〉……… 72
- **なにげに**〈ガイジン泣かせの日本語〉……… 74
- **肉食系**〈アメリカの草食系男子と肉食系女子〉……… 76
- **ハードルが高い**〈ハードルにこだわらないほうが自然〉……… 78
- **ひきこもり**〈家にこもるだけなら stay-at-home〉……… 80

- ●ビミョー〈「微妙」と「ビミョー」の間〉………………………… 82
- ●振り込め詐欺〈アメリカ人がひっかかった「ナイジェリア詐欺」〉… 84
- ●ほっこりする〈身も心もあたたまる言葉〉…………………… 86
- ●前向きに検討する〈「考えときまっさ…」程度に流したいとき〉… 88
- ●真逆〈アメリカでもっとも有名な文法ミス！〉……………… 90
- ●まじ…〈真面目に英訳しないでね〉…………………………… 92
- ●まったりする〈easy と slow を使った決まり文句〉………… 94
- ●メル友〈歓迎できない「スパム・メール」の語源〉………… 96
- ●もってる〈よくないものを「もっている」のは？〉………… 98
- ●ヤバい〈どんな形容詞の代わりにもなる「ヤバい」言葉〉… 100
- ●リストラされる〈似て非なる進化を遂げた和製英語〉……… 102

```
Part 2
```
日常会話なのに話せない言い方

- ●あっぱれ！〈"Good job!" のさらに上〉……………………… 106
- ●あなたの血液型は？〈type A だけだと「ハイパー人間」になる？〉… 108
- ●ある、ある！〈「ベッチャ！」と「ガッチャ！」〉…………… 110
- ●遺憾です〈アメリカ人の謝り方〉……………………………… 112
- ●いたしません〈「英語に敬語はない」と言う人へ〉………… 114
- ●行ってきます〈「行ってらっしゃい」「ただいま」もない〉……… 116

- ●いまでしょ！〈プレスリーのラブソングに「いまでしょ！」が〉…… 118
- ●意味わかんない！〈アメリカ人が口走る "Makes no sense."〉…… 120
- ●いやいや、お恥ずかしい〈日本人はほめられ下手？〉…………… 122
- ●うっそーッ！〈軽いノリで驚いてみせたいなら〉………………… 124
- ●遠慮しておきます〈"No, thank you." とはひと味違う言いまわし〉… 126
- ●お噂はかねがね…〈噂をすれば影＝ Speak（Talk）of the devil.〉… 128
- ●おかげさまで〈「お世話になっております」同様に英訳しにくいわけ〉… 130
- ●お先に失礼します〈席を立つときの決まり文句はあるけれど〉… 132
- ●お邪魔します〈このひとことが生きる！〉………………………… 134
- ●恐れ入ります〈「恐れ入りました」は？〉………………………… 136
- ●お疲れさま〈アメリカの典型的挨拶 "Have a nice day." 物語〉… 138
- ●お手やわらかに〈勝負にかかわる決まり文句〉…………………… 140
- ●お久しぶり〈"Time flies." も覚えておく〉……………………… 142
- ●固いこと言うなよ〈「頭が固い」にもタイプがある〉…………… 144
- ●喝ッ！〈奥深い叱咤激励となると〉………………………………… 146
- ●乾杯！〈イギリス流は？　スペイン流は？〉……………………… 148
- ●奇遇ですね〈好ましい遭遇でなくても使える〉…………………… 150
- ●来た〜ッ！〈歓喜の叫びに徹しよう！〉…………………………… 152
- ●ご遠慮なく〈気楽に使える便利な言葉がある〉…………………… 154
- ●これって、あり？〈考えられる？　許せる？　通用する？〉…… 156
- ●大丈夫ですか？〈ガイジン泣かせの「結構です」〉……………… 158
- ●…っていうか〈アメリカの若者の間にもあいまいなフレーズが普及〉… 160
- ●ですよね〜〈「アッハー」「んフ？」だけじゃ間に合わない〉…… 162

- ●どうぞ、お先に〈日本人はパブリック音痴？〉……………… 164
- ●どやッ！〈「どや顔」はなんと言う？〉………………… 166
- ●…なんちゃって〈おちゃらけ？　皮肉？〉………………… 168
- ●ねえねえ、知ってる？〈秘密の打ち明け話をするときは〉……… 170
- ●倍返しだ！〈「やられたらやり返す」は？　3倍返しは？〉……… 172
- ●入ってます〈その場にふさわしい返事あれこれ〉………… 174
- ●万歳！〈日本の応援団にひとこと〉…………………… 176
- ●ひょっとして…〈アメリカ人がよく使う言外にある気持ち〉……… 178
- ●べつに…〈まだある、あいまいな答え方の定番〉………… 180
- ●まあまあよ〈アメリカ人は「最悪！」なんて言わない〉……… 182
- ●前にお会いしていますか？〈あらためて聞きにくい質問〉……… 184
- ●間違いない！〈100パーセントの肯定、同意を示す〉……… 186
- ●むかつく！〈悪趣味な冗談は sick humor〉……………… 188
- ●無理ッ！〈「無理めの女」は？〉………………………… 190
- ●もったいない〈エコな言葉を集めてみると〉……………… 192
- ●やっぱりね…〈相手が喜ぶ相づちは？〉………………… 194
- ●わたし的には…〈あなた的には？〉……………………… 196

発音や記号について

発音のカタカナ表記について

本書に登場する【カタカナ】は発音記号です。カタカナで表記しきれない音については、限定的に【ひらがな】も併用しています。日本人向けの英語の辞書、またアメリカで編纂(へんさん)されたアメリカ人のための辞書にはそれぞれ別の発音記号が載っていますが、本書ではそれらに縛られず、体験的、感覚的に「日本人にはこれがいちばん」と思える表記を行いました。

以下に「カタカナ発音記号」のおおまかな原則について紹介します。あまりむずかしく考えず、とりあえず気軽に声に出してみてください。

▶ 語尾などの母音をともなわない子音は【ひらがな】で表記します。例) keep【キーぷ】、takes【テイくす】
▶ lと区別するため、rは【ぅら】【ぅり】のように表記します。例) right【ぅらイと】、light【ライと】
▶ 語尾のrは【あ】、語尾のlは【う】と表記します。例) car【カあ】、tell【テう】
▶ thはsやzと区別するため【ざ】【せァ】【ぜィ】などと表記します。例) think【せィンく】、that【ぜァッと】
▶ 語尾にある母音をともなわないthは【せゥ】と表記します。例) bath【ベァせゥ】
▶ whはwと区別するため【ほワ】【ほウェ】のように表

記します。例）what【ほワッと】、when【ほウェン】
▶【ヤ】【ユ】【ヨ】以外のyは【ぃイ】【ぃエ】と表記します。例）yes【ぃエす】
▶ 強く発音する部分は大きな太字で強調してあります。
▶ 文末を上げて発音する質問では語尾に ↗ のマークを記してあります。

本文中の記号について

説明文中の記号、英文例に付加した記号は、それぞれ以下の意味を示しています。

✕ は通じない英文例や英語として正しくない例、失礼な言い方であることを示します。
△ は通じるかもしれないけれど、あまりすすめられない英文例であることを示します。
○ はまずまずだけれど、ニュアンスや味わいがちょっと違う言い方であることを示します。
◎ は見出しの言葉や言い方にもっとも近い英文例、おすすめの英文例です。
→ は見出しの言葉に対する返答例です。
☞ はさらに踏みこんだ説明です。

日常語なのに
日本人が知らない
英語の本

―― アメリカ人がいま使っている！

Part 1

日常語なのに言えない言葉

イケメン
cool dude
【クーうデューど】

「イケてる」の基準をどこに置くかで英語の言い方も違ってくる。顔かたちだけが問題なら——

　○ **He is a good-looking man.**
　○ **What a nice-looking guy!**

文字どおり「見栄えのいい男」という意味。
ただし、アイドルタレント風のかわいい男子は——

　○ **He's a pretty boy.**

pretty boyは「かわいい男の子」の意味でほとんど普通名詞化。

その男性のかもしだす雰囲気や趣味、センス、生き方まで含めて「かっこいい」と感じさせることもある。

　○ **He's such a cool guy.**

もうひとひねりすると、よりいま風になる。

　◎ **He's a real dude.**

dudeはかつてアメリカ西部のカウボーイが東部の気取った都会人を指して使った言葉だが、しだいに「野郎」や「やつ」を意味するスラングとして定着。なぜか最近、「モテ男」や「イケメン」を指す言葉として復権した。コーエン兄弟製作のコメディ映画"The Big Lebowski"では主人公が自分を"Dude"と呼ばせている。

　◎ **He is a pretty cool dude.**

Part 1

この場合のprettyは強意の副詞で、「かなり」に近い。会話のなかではよくこうした使われ方をする。

さらに最近では——
◎ He's a really hot guy.
◎ What a hot dude!

☞ coolとは真反対のはずのhotも、coolと同じく「イケてる」や「かっこいい」の意味で使われるようになった。

「イケメン」と「イクメン」

はじめて「イケメン」という言葉を聞いたとき、僕は「イケマン」だと思いました。日本人はman【メァン】を【マン】と発音するからね。「イケてるメンズ」の略だと教えられたときは驚きました。mensって、どう考えてもおかしいでしょ？　日本人は英文法に厳格なはずなのに……。かと思えば「イケてる面」が語源だろうという人までいて、もう何が何だかわかりません。

「イクメン」も不可解な言葉です。最初はJohn Lennonみたいに家にこもって育児に専念するhousehusbandやstay-at-home dadのことかと思いました。でも、ただ赤ん坊のおむつを替えて、お散歩に連れだす父親のことだとか……。そんなの、アメリカのお父さんはみんなやってます。特別な呼び名なんて必要ないでしょ。

意識が高い人
hipster
【ヒぷすトゥあ】

みずからの基準や目標を高いレベルに置き、つねに向上をめざそうとする人のこと。

　✕ **She has a high consciousness.**

たしかにconsciousnessは「意識」や「自覚」を意味するが、そもそもhighかlowかを論じることはない。

　✕ **Your consciousness is strong.**

strongならわかる。ただし、何についての意識なのかがわからなければ、やはり意味をなさない。

　△ **You have a strong social consciousness.**
　△ **He has a lot of professional pride.**
　△ **She has a refined aesthetic sense.**

社会問題に関する意識が高い、プロ意識が高い、美意識が高い……いずれもほめ言葉。

日本語の「意識が高い」は、ほめ言葉のようでありながら、多分に批判的なニュアンスを含む点がポイントである。

　△ **He has a lot of pride.**

「彼は誇り高い」ということ。これも英語ではほめ言葉。

　△ **She has a refined sense of style.**

「彼女は洗練されている」。これもまたほめ言葉である。

「意識が高い」に批判的なニュアンスがつきまといがちなのは、実力や実績がともなわないケースが多いため？　だとすれば——

　○ **He has high-sounding opinions.**

☞ high-soundingは「偉そうに聞こえる」。

　○ **He is full of himself.**
　○ **She is self-satisfied.**

☞ full of oneselfは「自信過剰」、self-satisfiedは「自己満足的」。いずれも悪くないが……。

　◎ **He is a hipster.**

hipsterは、かつては反体制派の若者やヒッピーを指したが、最近では「物知り顔の人」や「流行に詳しい人」、さらに「自分がcoolに見えると思いこんでいる人」を揶揄する言葉となっている。

意識が高くて何が悪いの？

意識ばかり高くて実力のともなわない人がけむたがられるのは、アメリカでも同じです。だからこそhipsterなんて言葉がある。でも、向上心の強い人や高い理想をもつ人をすべて「意識が高い系」などとまとめて揶揄するのはどうでしょう。少なくとも、意識まで低い人よりは上等なんじゃない？

イタい
make one feel uneasy
【 メイくワンフィーう・ァンイーズィ 】

肉体的な苦痛だけでなく、精神的な苦痛や経済的な苦痛も含めて「痛い！」ときは――
- ○ **I feel pain.**
- ○ **That hurts!**
- ◎ **Ouch!**

間投詞の"Ouch!"がもっとも幅広く対応する。

ただし、「彼、イタいよね」だと、話が面倒になってくる。
- × **He is painful.**
- × **He has a pain.**

主語の「彼」自身はなんの痛みも感じていない。他の誰かを痛くさせているだけ。だから"Ouch!"も使えない。

☞ しかも、その誰かが感じる「痛み」も、実際には「恥ずかしい」とか「落ち着かない」とか「いたたまれない」といった微妙な気分のことなのである。

英語にはpity「哀れみ」を語源とするpitifulやpitiableなどの言葉があり、いずれも「痛ましい」とか「哀れを誘う」といった意味になるが――
- △ **He is pitiful.**

ストレートすぎよう。

　　○ He seems pitiful.

オブラートにくるんだ感じにはなるかも……。

「みじめな彼を見ていると、私の心が痛む」という微妙な構図を表現するには、makeを使う言い方が便利だ。

　　◎ He makes me feel uneasy.

　　◎ He makes me feel uncomfortable.

いずれも、「彼を見ていると落ち着かない」ということ。

☞ uneasyやuncomfortableの部分の形容詞を変えることで、微妙な気分の違いを表現できる。

　　○ He makes me feel embarrassed.

彼を見ていると私が「恥ずかしくなる」ということ。

　　○ He makes me feel frustrated.

彼を見ていると「イライラする」ということ。

英文法の授業のようだが、主語を入れ替えると——

　　○ I feel embarrassed for him.

　　○ I feel sorry for him.

「彼を見ていると胸が痛む」。このパターンも使える。

いっぱいいっぱい
swamped
【す**ワ**むぷと】

「いっぱい」は単独でも、すでに充満している感がある。「いっぱいいっぱい」はそれがダブるのだから、ほとんど破裂しそう……? まずはfullが思い浮かぶはず。

　○ **My heart was too full for words.**
　○ **My head is full from work.**

それぞれ「思いがあふれて言葉にできない」「仕事のことで頭がいっぱいだ」という意味だから、意図は通じる……。が、少々、物足りない。

　× **I'm full.**

これは、いけない。「いっぱいいっぱい」ではなく「おなかいっぱい」になってしまう。

別のアプローチを試してみる。たとえば、昔から商売の世界では「このお値段でいっぱいいっぱいです」などの言い方があった。これを英語にすると——

　○ **I can't come down any more.**
　○ **I can't make it any cheaper.**

「もう１銭もまけられません」ということ。「ぎりぎり」で「これ以上は無理」なのである。

精神的に「いっぱいいっぱい」の場合はどうか。

　　○ **I'm stressed out.**

「ストレスに押しつぶされそう」な状態。

　　○ **I can't stand it.**

「やってられない」「もう耐えられない」ということ。

　　○ **This is killing me.**

「このままでは死んでしまいそう」ということ。

仕事や雑事に追いまくられ、追い詰められ、ほんとうにぎりぎりで、いよいよ自分を見失ってしまいそうなときにしっくりくるのは、こんな言い方かもしれない。

　　◎ **I'm overwhelmed.**
　　◎ **I'm swamped.**

overwhelmは「打ち負かす」とか「圧倒する」。

名詞のswampは「湿地」のことだが、動詞の場合は「水があふれる」「水浸しにする」、またoverwhelmと同様、「圧倒する」といった意味にもなる。

イラッとくる
get irritated
【ゲとイぅりテイティど】

「空気が読めない人」のKYに対し、「イラッとくる人」はIKなのだとか……。

△ **He makes me angry.**

単に「彼には腹が立つ」ということ。
「彼」のせいで腹が立つのはいっしょでも、「イラッ」にある瞬間性のようなものが伝わらない。一瞬、癪に障っても、結局はそのまま流してしまえるような……。

瞬間的な「イラッ」に近いのは――

○ **His attitude irritated me.**

○ **She always makes me irritated.**

irritateは「いらだたせる」、つまり「イラッとさせる」。

☞「イラッとくる」は、これを受け身にすればいい。

◎ **I got irritated by their attitude.**

形容詞形のirritatingも使える。発音は【イぅりテイティンぐ】。

◎ **His behavior was irritating.**

irritating soundと言えば、代表がガラスをひっかく音。

☞ 他にirritating smell、irritating questionsなどがよく使われる。

「ぶち切れる」を英語で言うと──

「イラッとくる」頻度(ひんど)が他の人より高い場合、もしかしたら原因は自分にあるのかもしれない。あなた自身が短気だったり、神経質だったり、排他的だったりするケースである。

○ **He has a hot temper.**

「彼は短気だ」の意味でよく使う。

☞ have a quick temper、have a short temper も同じ。

○ **He loses his temper easily.**

「彼は簡単に切れる」ということ。

☞ lose one's cool、lose one's balance、さらには lose it というだけでも通じる。

◎ **He lost it.**
◎ **I'm going to lose it!**

それぞれ「彼はぶち切れた」「切れそう！」。

「そんなにカリカリするなよ」と言いたいときは──

○ **Don't lose your cool.**

ちょっとおもしろい言い方としては──

○ **He's got a short fuse.**

「簡単に爆発する」という意味。

☞ fuse はヒューズ、または導火線のこと。fuze とつづることもある。

上から目線
condescending look
【カンダ**セン**ディンぐルッく】

身近な単語で意外に使えそうなのはimportant。「重要な」「偉い」の他に、self-important、つまり「尊大な」とか「偉そうな」などの意味もある。

 △ **She always acts important.**
 △ **She has important air.**

「彼女はいつも偉そうにふるまう」。文章に間違いはないし、意味も通じるが、「目線」を外している。

 ○ **He has an important look in his eyes.**
 ○ **He is important-looking.**

lookには「目つき」や「視線」の意味があり、文法的な間違いもない。しかし、どこかしっくりこない。

☞ importantの限界……。

受験勉強でおなじみのイディオムを使ってもよい。

 ○ **You always look down on（upon） me.**

「目線」よりも「態度」や「口調」に着目するなら──

 ○ **He thinks he's a big shot.**

big shotは「大物」「顔役」「大スター」など。

 ○ **They seem to think they're superior to us.**

superior【ス**ピ**ぁりあ】は周囲を見下しているような状態。

Part 1

👉 superiority complex なら「優越感」。

あまりなじみはないが、condescending という単語がある。意味はズバリ「人を見下すような」。

　○ **He is condescending.**

これに「目つき」「視線」を表す look を組み合わせると、「上から目線」に限りなく近づく。

　◎ **She has a condescending look.**
　◎ **There is a condescending look in his eye.**

ただし、look は人格や態度、ふるまいには使えない。

　× **She is a condescending look.**

「タカビー」を英語で言うと──

一時期、高飛車な女性を指す「タカビー」という言葉がはやった。英語にも似たスラングは多い。snob、snobby、cocky、cheeky などだが、最近よく聞くのは、形容詞では smug、haughty、snotty、名詞では snot など。

smug の語源は古いオランダ語の「素敵な」、haughty の語源は古いフランス語の「高い」だが、snot の語源はなぜか古い英語の「鼻水」や「鼻くそ」。"He looks down his nose." の表現もあるように、「偉そうな」態度は「鼻」を連想させるらしい。

うざい
pain in the ass
【ペイぬィンゼィエァす】

「うざったい」の略語。もとは東京西部、多摩あたりの方言だったらしい。

- ○ She is bothersome.
- ○ He is troublesome.
- ○ She is annoying.

いずれも「うっとうしい」「わずらわしい」。

形容詞ではないが、覚えておくとおもしろい言葉にhassle【ヘァすう】がある。

- ○ What a hassle!

「ああ、うざい！」といった意味合いのつぶやき。

☞ 日本語の「ハッスルする」の語源はまったく別。「急ぐ」「突き進む」といった意味のhustle【ハすう】である。

日常会話でよく口にされるのは——

- ○ She is a pain in the neck.

「首の痛み」はたしかにうざったい。

- ◎ He is a pain in the ass.
- ◎ He is a pain in the butt.

assは「お尻」。buttはassをちょっと上品にした言葉。

☞ さらに上品な単語を使った、こんな不敬な言い方も。

◎ It's a royal pain in the ass.

royalは「王様の」「王室の」「王者の」などの意味だが、「ひどい」とか「しつこい」の意味でも使われる。

申しわけないけど「うざい」かも…

アメリカ人が「うざい」と思う代表は虫。動詞のbugには「悩ます」の意味があり、"Don't bug me.""Stop bugging me."のように使われます。「害虫」のpestもうざいから、"You're a real pest."なんて言われたら最悪です。

ところで、日本在住のガイジンたちが「ときどき、うざい」と感じるのは、英語好き、ガイジン好きの日本のおじさん方。彼らはガイジンを見つけると、いつ、どんな場所でも、英語で親しげに話しかけてきます。

僕自身は日本人と交流するのが好きですよ。だけど、時と場合があるじゃない。旅先でのんびり温泉に浸かっているときにあれこれ質問攻めにされたら、やっぱりうんざりしますよ。英語をブラッシュアップしたいのかもしれないけれど、何を言いたいのかわからないこともある。だから僕が日本語で答えるでしょ。でも、彼らは英語で話しつづける……。そんな珍妙なやりとりも珍しくないのです。

おたく
nerd
【ヌァあど】

"anime"や"cosplay"がわかるガイジンなら、間違いなく"otaku"も知っている。
こんなふうに気軽に声をかけてみては？

△ Hi, folks. I'm an anime otaku, too.

ただし、通常は別の英語のほうが通じやすい。

☞ この場合のfolksは「お仲間」「ご同類」のこと。

「おたく」に似た人はアメリカにもいる。しかしアメリカのおたくは、原則としてIQが高い。

○ He is a computer geek.

geek【ギーく】はもともとサーカスなどでグロテスクな見世物を披露する芸人を意味した。その後、変人、奇人一般を指すようになり、なぜか「頭のいい変わり者」の意味に……。

同じく本来は「変人」の意味だったのに、いつしか「IQの高いダサい人」も意味するようになったのは――

◎ He's a techno nerd.

テクノおたく、コンピュータおたくのこと。
アメリカの子どもなら誰でも読むDr. Seussの絵本シリーズのキャラクター名が語源。nurdとつづることもある。

☞「おたっきー」はnerdy、「おたくっぽい」はnerdish。
☞ nerdを「IQの数値が体重の数値（ポンド）より大きい人」と定義した辞書もある。 ちなみに1ポンドは約450グラムだから、体重70キロならざっと155ポンド。

トリビア

IQが高くなくてもいい「おたく」たち

IQに関係ない「愛好者」「マニア」「…狂」「…通」はenthusiast、nut、fan、freak、buffなどと呼ばれる。たとえば「鉄道おたく」はtrainspotter、あるいはrailway enthusiast。「健康おたく」はhealth nutかhealth freak。「歴女」はhistory buff、「映画おたく」はmovie buffまたはcineasteなどと訳される。

熱心な「ファン仲間」や「マニアの集まり」はfandomと呼ばれる。スタートレックおたくのTrekkieや、名探偵ホームズおたくのSherlockianなどが代表的。

一方、「おたく」の対極にある「体育会系」はjock。保守的で右翼的なイメージがある。

ちょっと変わったところでは、「政策通」を揶揄するpolicy wonkがおもしろい。wonk本来の意味は「ガリ勉」や「仕事人間」で、policy wonkの代表は元アメリカ大統領のBill Clinton。防衛問題にやたら詳しい日本の某政治家などは、さしずめdefense policy wonkか……？

おもてなし
hospitality
【ハすピァリティ】

「お・も・て・な・し」以来、なんだか日本の専売特許のように扱われがちな「おもてなし」だが、もちろんどの国の人たちにだって、人をもてなしたい、楽しませたいという気持ちはある。

　　○ I received a hearty welcome.

通常、welcome は「歓迎」と訳されるが、「おもてなし」と考えてもいいのでは？

　　△ He was given a warm reception.
　　△ I was received very warmly.

あたたかく受け入れられた——場合によっては「心あたたまるもてなしを受けた」と同じ意味になるが、若干、堅苦しい。

☞ treatment、service も場合によっては「おもてなし」に通ずる。

　　○ We received special treatment.
　　○ They provide great service at that restaurant.

☞ 酒席での接待やパーティなどで来客を楽しませる「おもてなし」なら entertain や entertainment も使える。

　　○ You'll get good entertainment there.

しかし、もっとも一般的なのはやはり——

　　◎ They provided kind hospitality in Japan.

Part 1

◎ I was impressed by Japanese hospitality.
◎ Thank you for your hospitality.

hospitalityは原則として「報酬を求めないサービス」のことだが、観光地のパンフレットやホテル、レストランなどの宣伝文句にも頻繁に登場する。

☞ 語源はhospital「病院」と同じくラテン語のhospitalis。

日本独特のおもてなしに狼狽

日本独特のhospitalityについては、いろいろ思うところがあります。たとえば「もう飲めない」「もういらない」とくり返しても、「まあまあ」と言いながら無理に酒を注ごうとする。慣れていないガイジンにはうまくいなすことができません。一種の拷問だと思います。

存分にもてなしてくれたのに "I'm sorry I couldn't entertain you better." などと謝りたがるのも不可解です。アメリカ人には理解できません。

ところで、僕がまだ日本慣れしていなかった頃、とても驚いたのは、知人のお宅で「お風呂に入れ」としきりにすすめられたことです。アメリカ人がゲストに「シャワーを浴びろ」と促すなど考えられないこと。だって、入浴はとってもプライベートな行為でしょ？ 「僕、そんなに臭いのか」と思って、ひどく狼狽しました。

肩身が狭い
feel small
【 フィーうすモーう 】

世間や集団や周囲の人々に対して「恥ずかしい」とか「情けない」とか「居場所がない」などと感じること。

× **My shoulders are narrow.**
× **He has narrow shoulders.**

まるで意味をなさない。

☞ "He has broad shoulders." という表現はある。この場合のshoulderは困っている人を助ける能力のことだから、「肩が広い」は「頼りになる」。

肩を離れて考えるほうがいい。

◎ **I feel small.**

自信や自負や自意識を失い、自分が小さい人間であるように感じている。

○ **He looks small.**

周囲から見て「肩身が狭いように見える」「小さく見える」ということ。

☞ 逆に「肩身が広い」のは feel tall や feel proud。自分が大きくなったような気がして、誇らしく感じている。

○ **I'm so ashamed.**

「肩身が狭い」を通り越して「面目(めんぼく)ない」と感じている。

何事か、または何者かのせいで「肩身が狭い」ときは——

○ **It makes me feel small.**
○ **He made her feel small.**

怒鳴られたり、脅(おど)されたり、けなされたり、批判されたりすることで自尊心が傷つき、落ちこんだということ。

☞ 新たな環境や人間関係になじめず、居心地が悪くて「肩身が狭い」ときは、out of place がぴったり。

◎ **I feel out of place at my new job.**

自分が場違いなように、居場所がないように感じている。

「肩」が象徴するもの

「肩を貸す」「肩を並べる」「肩をもつ」など「肩」に関係する慣用句は多いが、英語にもある。

cry on a shoulder は「泣きつく」、a shoulder to cry on なら「泣きつく相手」つまり「相談相手」、"Don't cry on my shoulder." と言えば「私に泣きつかないで」とか「オレに頼るな」。

一方、cold shoulder は「冷遇」のこと。"I got the cold shoulder from him." なら「彼に無視された」。洋の東西を問わず、「肩」が象徴するものは似ている。

きもい
disgusting
【ディス**ガ**〜すティンぐ】

「きもちわるい」を簡略化した言い方。

- △ **Ugh!**【ウッ】
- △ **Yuck!**【ヤック】
- △ **Yucky!**【ヤッキー】
- △ **Ick!**【イック】

「きもい！」と感じた瞬間に発する言葉は多々あるが、いずれも「ゲッ！」とか「ぐえッ！」に相当する間投詞。「きもい」らしいニュアンスはない。

日本人は意外に知らない単語だが、アメリカ人がよく使うのは——

- ○ **Weird.**【ウィあど】

「不気味」とか「変」に近い。

- ○ **Sounds weird.**
- ○ **That looks weird.**

「吐きそう」なくらい強烈にきもいときは——

- ◎ **Disgusting!**

disgustingの基本的な意味は「胸が悪くなる」とか「むかつく」。「きもい」と同じく、人についてもモノについても使える。

- ○ **He's disgusting.**

○ How disgusting!

【ガ〜】を思い切り不快そうに、吐きだすように発音すると、むかつき感や嫌悪感がよく出る。

☞ revolting、sickening もほぼ同じように使える。

☞ 動詞 disgust は「吐き気をもよおさせる」とか「うんざりさせる」。"I was disgusted with myself." なら「自分で自分がいやになった」、つまり自己嫌悪におちいったということ。

残酷な少女たち

若い女性たちが「あの男、きもいよね」とか「彼、きもくない？」などと噂しているのを聞くと、胸が痛みます。そして、太宰治の短編小説『かちかち山』を思いだします。若くてかわいい白ウサギはいつでも残酷なものですね。
アメリカのウサギちゃんたちも負けず劣らず残酷です。"He's yucky." や "He's weird." などはまだまだやさしいほう。「あの男きもい」ならではの言い方として "He's gross!" "What a creep!" "Creepy!" などがありますが、どれも「そこまで言わなくても……」と思わせるくらい強烈な表現です。だから、日本のウサギさんたち、こんな言い方はけっして覚えないでください。

逆ギレする
blow up back
【ぶロウアぶベァック】

本来、糾弾されるべき立場にある加害者が、誰かに注意されたり非難されたりしたことをきっかけとして反撃に転じ、猛然と相手を糾弾しはじめる……。

理不尽な話だが、そういう習性をもつ人間はどこにでもいる。だから当然、英語にも似た表現はある。

△ He turned his anger on me.
△ He took out his anger on me.

彼はみずからの怒りを私に振り向けた……。どちらかといえば「八つ当たり」。

○ He got angry at me though it was his own fault.

自分がしくじったくせに私に向かって怒りだした……。意味は通じるが、いかにも説明っぽく、キレが感じられない。

get angry「怒る」を「キレる」風の英語に変えてみる。

○ He lost his temper though it was his own fault.
○ He snapped despite his being at fault.
○ He flipped out despite his being at fault.

lose one's temper、snap、flip outはいずれも「ぶち切れる」の意味だから、かなり感じが出てくる。しかし、やはり説明的。

逆ギレは一種の反撃、つまり「やり返す」だから、その「返す」感じを簡潔に表現したい。

◎ **He blew up back at me.**

blow up は「カッとなる」とか「怒鳴り散らす」。"He blew up at me." だけなら「彼は私に対して怒り狂った」だが、「やり返す」の意味をもつbackを添えることで「逆切れ」によく似たニュアンスとなる。

☞「言い返す」はtalk back、「なぐり返す」はhit back。

○ **He got angry back at me.**

「怒り返す」といったところ。

―― トリビア ――

スパイの世界のblowback

名詞のblowupには「爆発」「ケンカ」「破滅」、blowbackには「逆流」「反動」などの意味がある。

そして、CIA(アメリカ中央情報局)用語のblowbackは「エージェントが海外で工作を行った結果、本国に爆発的な影響がはね返ってくること」を意味する。

過去の例としては、1979年、ソビエト連邦のアフガン侵攻に対抗するため、CIAが中心となって育成し、武装化させたイスラム義勇兵が、1990年代以降、「アルカイダ」としてアメリカの宿敵となったケースなどが象徴的である。

空気を読む
tune in to the mood
【テューぬィンとゼァム〜ど】

周囲の雰囲気や期待を敏感に察知すること。その結果、適切なタイミングで好ましい言動をとれれば、さらによい。

× Read the air.

意味不明。airが「雰囲気」や「様子」の意味で使われることはあるが、それをreadするとは言わない。

× Read the atmosphere.

atmosphereにも「その場の空気」「ムード」などの意味がある。しかし、やはり普通はreadしない。

☞ readはあくまで「読んで理解するもの」が対象。

△ Read the situation.

airやatmosphereよりは読みやすい。

「察知しろ」「気にしろ」ならmindやsenseではどうか。

△ Mind the atmosphere.

△ Pay attention to the situation.

"Mind...," や "Pay attention...," は「…を読め」ではなく「…に気をつけろ」風の注意や警告になってしまう。

○ Sense the atmosphere.

senseは感覚的に察知することだから、空気でもOK。

◎ Sense the mood.

moodには「その場の空気」の意味があるから、さらによい。ただし、おもしろみがない。

少し遊び心を加えてみると——
　◎ **Tune in to the mood.**
tune inはテレビやラジオの周波数を合わせること。転じて、人々の感情や反応を見て行動すること。
　◎ **Pick up on the mood.**
pick up on も人々の感情やその場の空気に気をつけること、また理解すること。
このくらい意訳するほうが、「空気を読む」感が出る。

アメリカ人の言い分

正しくは「KYN」では？

「空気を読めない人」のことを"KY"と言いますね。あれ、理解できません。"KY"は、普通に考えて「空気を読める人」でしょう。「空気が読めない人」なら"KYN"とか"NKY"とかじゃないのですか？

ところで、「空気を読めない」に似た言葉は英語にもあります。形容詞ならdense。イディオムならout of touchやout of synch。synch【スィンく】は「同調」を意味するsynchro-の略ですね。また、out of itだけでもKY感がただよいます。

くさい
hammy
【ヘァミィ】

いやな臭いを感じたとき、思わず発する言葉は——
- **It stinks.**
- **Stinky!**
- **It smells bad.**
- **Smelly!**

stink も smell も「臭う」という意味の動詞。stinky と smelly はそれらの形容詞形。いずれも悪臭一般に使える。

◎ **P.U.**【ピーユー】

どちらかと言えば、「臭ッ！」に近い。

☞ PU とも表記する。

- **You have bad breath!**

「あなたの息は臭い」ということ。なかなか面と向かってこんなことを言えるものではないが……。

日本語の「くさい」には他にもいろいろな意味がある。たとえば「怪しい」とか「疑わしい」。

◎ **He looks suspicious.**

suspicious が一般的だが、suspect を使うこともある。

◎ **He is suspect.**
- **Do you suspect her?**

「彼女がくさいと思う？」と聞いている。

☞ suspectは形容詞「疑わしい」にも、動詞「疑う」にも、名詞「容疑者」にもなるが、アクセントの置き方が違うので要注意。動詞は【サすぺくと】だが、形容詞と名詞では【サすぺくと】となる。

☞「魚臭い」「生臭い」を意味するfishyも使える。

　○ **There is something fishy about them.**

「彼らはなんとなくうさんくさい」ということ。

「大げさな」「わざとらしい」の意味の「くさい」は——

　◎ **His performance was so hammy.**

「彼はひどくくさい芝居をした」ということ。

☞ hammyはhamの形容詞形だから、基本的には「ハムのような」の意味だが、「大げさな」の意味でも使われる。語源のham自体になぜか「大根役者」とか「田舎芝居の役者」という意味があるため。

最後に、「くさいメシを食ったことがある」は——

　◎ **I've been in prison.**

ストレートで、わかりやすい。

結果を出す
deliver
【ディリヴぁ】

「結果を出す」は「結果が出る」とは違う。明確な目的をもち、意図的に望ましい成果をあげることだ。しかし、だからといって──

△ He produced wonderful results.
△ They achieved results.
△ You succeeded.

意味は通じるが、つまらない。

○ She made good.

make goodは「成功する」「うまくいく」。悪くないが、どちらかと言えば「彼女は故郷を離れて都会に出て成功した」というような、長いスパンの話にいちばんぴったりくる。

○ They came through.

come throughも「うまくいく」「切り抜ける」「乗り越える」といった意味。これも悪くない。

☞ "You came through." なら「よくやった」とか「みごと期待に応えた」といった称賛の言葉になる。

意外なようだが、いちばんぴったりくる言い方は──

◎ He delivered.

宅配の「デリバリー」が身近なせいか、deliverと聞くと「配達す

る」とか「送り届ける」といった意味ばかり思い浮かびがち。しかし、口語のdeliverには「やり遂げる」「期待に応える」の意味もあるのだ。

◎ **You delivered on your promise.**

自動詞の場合はdeliver onで「…を達成する」「…を果たす」。

○ **She delivered results.**

他動詞の場合はonが不要だが、やはり「目的を果たす」という意味で使える。

アメリカ人の言い分

日本人は短気

かつて、ビジネスの世界では「日本人よりアメリカ人のほうが短気」という見方がありました。日本企業が長期的な展望に立った経営を行うのに対し、アメリカの企業経営は四半期ごとの決算に踊らされるからです。四半期ごとに結果を出さなければならないのだから、経営者はたいへんですね。

最近は日本企業も変わってきたようだけど、じつは僕は昔から「日本人は短気なのではないか」と感じてきました。じっくり議論をして相手の意見を聞きながら理解を深めるのが嫌いで、すぐ結論を出したがるからです。それどころか、議論になったというだけで機嫌を悪くしたり、すねたり、勝負を投げだすことさえある。なんでそんなに短気なの？

ケバい
gaudy
【ゴァーディ】

「けばけばしい」の略。極端に「華美」だとか、「派手」だとか、「装飾的」で「品がない」こと。

　　× **She is a gorgeous woman.**
「彼女は素晴らしい女性だ」という称賛の言葉になる。
☞ 日本語の「ゴージャス」は「ケバい」に似た意味で使われることもあるが、英語のgorgeousはあくまでも魅力的でなければいけない。

　　○ **She is a showy woman.**
showyの基本的な意味は「目立つ」とか「人目を引く」だが、「けばけばしい」「派手な」の意味で侮蔑的に使われることも多い。
ただし、人目を引く出で立ちや派手なパフォーマンスをよしとする職業や立場の人物なら、当然、ほめ言葉となる。

　　△ **She is a showy dancer.**
「彼女は華のあるダンサーだ」とほめている。「ケバい」とはまるでニュアンスが違う。

「ケバい」により近いのは──

　　◎ **She is a gaudy woman.**
gaudyは「ごてごてした」とか「俗悪な」。

◎ She is overdone.

overdoneはoverdo「やりすぎる」「限度を超える」の過去分詞形。焼肉なら「焼きすぎ」、仕事なら「働きすぎ」、化粧なら「濃すぎ」ということ。

☞ flashyやcheapも使えそう。「チャラ男」の項（64ページ）を参照してください。

アメリカ人の言い分

「お水っぽい」と「ホスト風」

日本では、ある種の女性たちを指して「お水」とか「お水っぽい」と言いますね。この場合の「お水」は水商売のことだとか……。アメリカ人には理解しにくい感覚です。だって、アメリカにはそもそも水商売のホステスさんがいませんから。

バーで働く女性をbar girl、ショーで踊る女性をshow girlなどと呼びますが、日本のホステスさんのような親密なサービスはしてくれません。お酒を売ったり、踊ったりするだけです。escortやcompanionと呼ばれる女性のなかには、やや親密なサービスをする人もいるようです。でも、彼女たちは原則、フリーであり、バーやクラブに所属しているわけではありません。

ついでに言えば、「ホスト風」もありえません。アメリカにはホストクラブそのものが存在しないからです。

心が折れる
a heart breaks
【ァハあとぶぅれイくす】

挫折して失望し、くじけ、めげて、がっくり落ちこむこと。

△ **I lost heart.**

lose heartはよく使われるフレーズだが、意味合いとしては「落ちこむ」とか「元気を失う」。「心が折れる」に比べると、深刻度、衝撃度ともに低い。

「折れる」なら、やはりbreakだろう。ただし——

× **I broke heart.**

意味を成さない。

△ **I broke my heart.**

自分で自分の心を折ったことになってしまう。

○ **She broke my heart.**

「彼女が僕の心を折った」ということ。よほどつらい恋だったのだろうと思わせる。

breakは自動詞でもあるため、かならずしも下手人を特定する必要はない。

○ **My heart breaks.**

「心が折れる」は、これでいい。

☞ ただし、通常、現在形で口にすることはない。実際に使用す

るときは、状況に応じたアレンジが必要となる。

◎ My heart is breaking.

「心が折れそう」ということ。

◎ His heart broke.
◎ Her heart was broken.

いずれも「心が折れた」ということ。

トリビア

元祖「心臓破りの丘」

2013年4月、ゴール直前で爆弾テロ事件が起きたのがボストン・マラソン。古都ボストンにふさわしい歴史あるマラソンで、事件が起きたのはじつに117回大会だった。このコースの後半30キロ過ぎにある長い上り坂が有名なHeartbreak Hill、つまり「心臓破りの丘」である。この坂さえ越えれば楽になるのに、ここで脱落する選手が多い。「心が折れる」というより、文字どおり心臓が力尽きてしまうのだろう。

「心が折れる」のは、1956年にElvis Presleyが発表した大ヒット曲 "Heartbreak Hotel"。恋に破れ、心が折れた若者たちが泊まるというホテルの歌である。

婚活
spouse hunting
【すパウスハンティンぐ】

「求婚活動」または「結婚活動」の略語。

　　× I'm in action for marriage.

たしかに in action は「活動中」「交戦中」だが、「結婚のために活動中」では、おそらく意味が通じない。

「活動中」にこだわるなら――

　　△ I'm active in the marriage market.

なんとなく意味はわかるが、やっぱり変。

　　○ I'm in the market for a wife.

　　○ I'm on the marriage market.

結婚相手を探しているらしきことはわかってもらえる。

☞ "I'm in the market for a new car." と言えば「新車を買いたい」ということ。

アメリカにも、もちろん婚活中の男女はたくさんいる。彼らがどんな言い方をするかというと――

　　◎ I'm spouse hunting.

　　◎ I'm hunting for a spouse.

草食民族である日本人にはなかなか浮かびにくい発想だが、彼らは結婚相手を hunt、つまり「狩る」のである。

☞ spouse は「配偶者」。自分が男性なら wife hunting、女性な

ら husband hunting も可。

◎ **I'm hunting for a marriage partner.**

最近では配偶者を marriage partner、partner、mate と呼ぶことも多い。

☞ hunting は「探し中」の意味でいろいろ応用できる。

「就活中です」なら "I'm job hunting."、「家を探しています」なら "I'm house hunting."、「キノコ狩り」は mushroom hunting。

☞ 他に自然な言い方としては──

○ **I'm searching for a wife.**

◎ **I'm on the lookout for a partner.**

かならず役立つ言葉集

さまざまな「……中」

- 「ダイエット中」 I'm on a diet.
   I'm watching my weight.
- 「受験勉強中」 I'm preparing for exams.
   I'm studying for the entrance examinations for college.
- 「修業中」 I'm training for married life.（花嫁修業中）
   I'm training to be a carpenter.（大工修業中）
- 「充電中」 I'm recharging my batteries.
- 「闘病中」 I'm fighting an illness.
   I'm struggling against a disease.
- 「禁煙中」 I'm trying to quit smoking.

さくさくと
smoothly
【すムーせゅリィ】

ものごとが円滑に、快調に、着々と進行する様子。コンピュータ関連でよく口にされる。

○ **Finish the job quickly.**

「さっさと仕事を終わらせなさい」ということ。

○ **He performed his duties casually.**

「彼は難なく役目を果たした」ということ。

☞ この場合のcasuallyは「さりげなく」「あっさりと」。

○ **You mastered the game easily.**

「君は簡単にゲームをマスターした」ということ。

☞ easilyは基本的には「簡単に」だが、「すらすらと」とか「順調に」の意味でも使われる。

○ **She handled the problem deftly.**

「彼女は手際よく問題を処理した」ということ。

☞ deftlyは「手際よく」「器用に」といった意味合い。日本人にはなじみが薄いが、「さくさくと」にかなり近い。

日本人にもおなじみの言葉で幅広く使えるのは——

◎ **The work is progressing smoothly.**

◎ **He progressed smoothly.**

◎ **He went through the game smoothly.**

smoothlyとは基本、なんの障害もなく、なめらかでよどみないことだから、「さくさくと」にきわめて近い。しかも、さまざまな状況に対応できる。

☞ 形容詞smoothも基本的には「なめらかに」「平らな」。ただし、人について使うと「しゃれた」「洗練された」などちょっと特殊な意味になる。smooth talkerは「口のうまい人」。smooth operatorは「人をあやつるのがうまい人」、つまり「くどき上手」や「人たらし」。

トリビア

兄弟語「さくっと」と反対語「ゆるゆると」

「さくさくと」とよく似た言葉に「さくっと」がある。意味も似ているが、あえて言うなら「さくさくと」が順調に進行する様子を表すのに対し、「さくっと」は簡単に完了する様子だろうか？　英語ではquickly、casually、easilyなどの副詞が使えそうである。
よく聞く言い方としては"Let's go ahead and do it!（ちゃっちゃっとすませちゃおう）"や"Just do it!（さっさとやって）"などがある。
一方、「さくさくと」の反対語の「ゆるゆると」。英語でよく使われるのはleisurelyだが、簡単なのはslowlyだろう。"Take your time.（どうぞごゆっくり）"や"Let's take it slow.（のんびり行こうよ）"もよく口にされる。

残念な感じ
something missing
【サむセィンぐミスィンぐ】

頭脳明晰(めいせき)でハンサム、そのうえ育ちも経歴も抜群なのに、いまいち魅力に欠けるのは、なぜ……？

 △ **He is disappointing.**

 △ **I was disappointed in him.**

彼にはがっかりさせられる、期待外(はず)れだったということ。ちょっとストレートすぎる。

 × **Too bad!**

 × **What a shame!**

「残念！」とか「ああ、がっかりだわ！」。さすがに、人に関してはあまり使わない。

人であれ、モノや出来事であれ、「残念な感じ」を受けるのは、かなりいいところまでいっているのに「何かが欠けている」から。

 ◎ **He has something missing.**

 ◎ **There is something missing in him.**

 ◎ **He is missing something.**

かならずしも全人格を否定するわけではない。しかし、その「何か」が核心の場合もある。

☞ missingは「欠いている」とか「抜けている」といった意味の形容詞。

Jump!

「残念な人」

「残念な感じ」の親戚筋に「残念な人」という言い方がある。「残念な感じをぬぐえない人」のことで、十分な能力も意欲もあるのになぜか結果を出せない人や、いい人なのに何をやっても空まわりする人が典型的。

- ◎ He comes up short.
- ◎ He's not up to that.
- ◎ He's a few inches short of foot.
- ◎ He is not quite all there.

いずれも、直訳すれば「ちょっと足りない」とか「ちょっと届かない」という感じ。

- △ He doesn't have enough ability to do that.

ストレートすぎる。

失言
gaffe
【ゲァふ】

政治家につきものの不祥事と言えば、収賄、不正献金、脱税、異性スキャンダル、経歴詐称等々が思い浮かぶが、もっとも多いのは、やっぱり失言……？

　　○ **He often makes slips of the tongue.**
　　○ **She misspoke again.**

a slip of the tongueは「言い間違い」や「誤解を招く発言」のこと。misspeakは「言い間違える」。いずれも単純な失敗であり、さほど悪質とは考えられていない。

もちろん、言い間違いですまされないことも多いはずだが——

　　○ **He said something he shouldn't have said.**

政治家や財界人など社会的影響力がある人物の失言には、gaffeを用いるのが定番である。

　　◎ **The minister always makes gaffes.**

「あの大臣は失言ばかりする」ということ。

　　◎ **He committed a big gaffe.**

「彼は重大な失言をした」ということ。

☞ 失言癖のある政治家はgaffe-proneと呼ばれる。

prone【ぷろウン】は「…の癖がある」とか「…の傾向がある」「…しやすい」といった意味の形容詞。

一方、一般庶民の失言、とくにパーティや会食など社交的な場での失言はfaux pas【フォウパー】と呼ばれる。

◎ **Oh, oh! I made a faux pas.**

離婚したばかりの男性に向かって「奥さんはお元気？」などと聞いてしまったケースが典型的。

☞ 語源はフランス語で、本来は失言だけでなく儀礼上の失態や非礼、不作法のこと。英訳すればfalse stepだが、アメリカでもfaux pasのほうがよく使われる。

ちなみにgaffeも語源はフランス語である。失言関係にフランス語源が多い理由は不明。

トリビア

失言こそ無意識のホンネ？

著名な政治評論家のMichael Kinsleyに、"A gaffe is when a politician tells the truth."という名言がある。「失言こそが政治家のホンネ」ということ。

フロイト派の心理学も、人間が何かの拍子でうっかり犯してしまう失言や失態にこそ意識下のホンネが含まれると分析している。いわゆる「フロイト的失言（Freudian slip）」である。

賞味期限
sell-by date
【 セぅバイデイと 】

日本人の好きな言葉。しかしアメリカでは、「賞味期限」つまり「おいしく食べられる期限」という概念がない。

○ **What is the use-by date?**

○ **When is the consume-by date?**

いずれも「使用期限」「消費期限」のことである。

☞ dateを質問するときは"What...?"でも"When...?"でもよい。

× **What is the open date?**

open dateを紹介している辞書もあるが、実際には言わない。

もっとも一般的で耳なじみがいいのはsell-by date。

◎ **The sell-by date is June 2016.**

直訳すれば「販売期限」のことだが、通常、使い分けはしない。

☞ 実際にはパッケージなどに"Best if used by 2013 10 04" "BEST BY APR. 2015"などと記されていることが多い。

△ **When is the expiration date?**

expiration dateは「有効期限」の意味で、よくクレジットカードやパスポートなどに使われる。

アメリカ人の言い分

人間の「賞味期限」

日本には消費期限とは異なる「賞味期限」があります。「その日までに食べるといちばんおいしい」という意味だそうです。だけど、そんなの、食べる人の勝手じゃないですか。おせっかいでしょ。それどころか、消費期限と誤解して、まだ食べられるものまで捨ててしまう人がたくさんいるらしい。もったいないですよ。

さらに日本には、タレントやアイドル歌手、俳優とくに女優、ときには一般女性についてまで「賞味期限」を論じる人がいます。なんと非礼な……！　でも、よくよく考えてみれば、英語にもその種の言い方がないわけでは、ありません。

たとえば、ちょっと年齢のいっちゃった女性を評して "She passed her sell-by date." なんて言ったり、"She outlived her shelf life." なんて言っちゃったり……。shelf life は「棚に並べておく期間」のこと。ひどいです。せいぜい day-old bread くらいにしておくべきではないでしょうか。あ……、これは「古くて硬くなったパン」のことです。

地雷を踏む
step on a mine
【すテぶオぬァマイン】

風俗関係などでは特殊な意味もあるようだが、一般的には「相手がいやがることに触れたり、相手の癇に障るようなことを言ったりして、怒らせてしまうこと」。

　○ **What I said made him angry.**
わかるけれど、つまらない。

　△ **I've set him off.**
set...offは「…を怒らせる」とか「…を興奮させる」。
結果はたしかにそのとおりだが、それが地雷を踏むような言動のせいだったのかどうかがわからない。

意外なようだが、英語にも「地雷を踏む」そのまんまの言い方がある。

　◎ **I stepped on a mine with him.**
mineには「鉱山」の他に「機雷」「地雷」の意味もあるから、まさに「地雷を踏んで、爆発させた」。

似た言い方としては——

　○ **He's touched a nerve.**
nerveは「神経」。「神経に触れてしまった」ということ。
☞ 日本語の「神経を逆なでする」に似ている。

56

Part 1

○ **You've touched the third rail.**

third rail は地下鉄の第三レール。

☞ 走行用ではなく電気を送るためのレールだから、触れれば当然、感電する。

○ **He pushed my hot button.**

hot button はきわめて重要な事態を引き起こすボタン、あるいは「引き金」の意味がある。

アメリカ人の言い分

日本女性の地雷

日本のみなさんもご存じと思いますが、アメリカの女性の多くは怒りや不満をその場で盛大に発散します。原則として、とってもわかりやすいのですね。

ところが日本女性は、あまりそういうことをしません。たまに「怒ってるのかな」と感じさせることはありますが、確認すると「べつに…」と答えます。やっぱり日本の女の人はおだやかだな、やさしいなと感心します。ところが、そうかと思えば、突然、大爆発するから驚きます。

ようやくわかるようになりました。日本女性の「べつに…」は「怒ってないわよ」ではなく、「怒りを蓄積中」の意味なんだね。で、溜まった頃に地雷を踏むと、ものすごいエネルギーとなって大爆発するのです。

溜めこむくらいなら、小出しにしてほしいと思いませんか。

想定内
foreseeable
【 フォあスィーウぼう 】

「想定する」「予測する」「仮定する」などの意味をもつ動詞はいろいろあるが、一般的なのはexpect。

△ That's what I expected.
△ That was my expectation.

「思ったとおり」の意味になってしまう。

想定の「範囲内」であることを強調しようとすると、ついwithinなどを使いたくなるが――

× That's within my expectations.

expectationには「範囲」も「幅」もない。したがって、within expectationsという表現は成り立たない。

△ That's within the range of my expectations.
△ That's within the expected range.

これなら成り立つが、いかにも説明的。

☞ むしろ、「だいたい」のような意味合いでaboutやasを使うほうが簡単かもしれない。

○ That's about what I expected.
○ That's as expected.

まあ、だいたい予測したような……という感じで、結果的に「想定内」に近いニュアンスになる。

耳慣れない言葉だが、じつはぴったりの単語がある。
- ◎ **That was foreseeable.**
- ◎ **That was a foreseeable result.**

foreは「前もって」とか「予め(あらかじ)め」を意味するから、foreseeは「予知する」「予見する」。foreseeableなら「予知可能」つまり「想定範囲内」という意味になる。

―――📖――〔 トリビア 〕―――――――――

「想定外の大地震」を英字新聞はどう伝えたか

東日本大震災の後、欧米の各紙は「想定外の大地震」の訳にとても苦労したという。「設計時点では想定外だった」というニュアンスを表現できる単語がなかったためである。

結果的には、beyond expectationsやoutside our imaginationが選ばれた。逆に想定を下回った場合は、below expectations、short of predictionsとなる。上(beyond)でも、下(below)でも、外(outside)でも不足(short of)でもいいから、とにかく「外(はず)れ」ということだ。そんななかにあって目を引いたのがunforeseeable。foreseeableにさらにunをつけ足すことで「予知不能」「想定外」の意味になる。"souteigai"をそのまま使いながらun-anticipatableやunforeseenと説明したり、"mizou"の訳語としてunprecedented（前例のない）を添える新聞もあった。

ださい
uncool
【アンクーう】

かっこ悪い、やぼったい、あかぬけない、趣味が悪い、イケてない……などをひっくるめた言い方。要するに「ファッショナブルじゃない」ということ？

　　○ **That's unfashionable.**
　　○ **Her dress is out of fashion.**

unfashionable、out of fashionは、いずれも「流行遅れ」「古くさい」。たしかに「ださい」の一要素ではある。

　　○ **His fashion is tweedy.**

tweedyは「ツイードの上着を好む」ことから「大学教授風」や「ガリ勉の学生風」といった意味になる。ちょっと特殊ではあるが、けっこうよく耳にする。

「趣味が悪い」とか「洗練されていない」は——

　　○ **His behavior is unsophisticated.**

他にsenselessやtastelessも同じニュアンスで使える。

　　△ **His room is cheesy.**

「安っぽい」とか「むさくるしい」の意味になる。

　　× **His fashion sense is terrible.**
　　× **Her taste is awful.**

ここまで言うのはきつすぎる。「最悪！」に近い。

アメリカの若者が最近、よく使うようになった言葉にdorkやcornyがあるが——

× **She is a dork.**

「どんくさい」とか「とろい」というニュアンスが強い。外国人はあまり口にしないほうが無難だろう。

△ **He is corny.**

「田舎っぽい」「朴訥(ぼくとつ)な」の意味になる。

☞ ひと昔前まではrusticが「やぼったい」「田舎くさい」の意味で口にされたのだが——

× **It's a rustic look.**

現在では「素朴な」「自然派の」といった意味合いで、むしろほめ言葉となってきた。

他にも「ださい」に似た英語はたくさんある。しかし、もっとも簡単で、なおかつ汎用性(はんようせい)が高いのは——

◎ **That singer is not cool.**

◎ **He's really uncool.**

「ださい」の反対語は「かっこいい」とか「イケてる」のcool。だったら、そのcoolを否定してやればいい。

近いうちに…
one of these days
【ワぬァぶぜィーずデイず】

あるとき、某国の某首相がこんな宣言をしました。

◎ **I'll dissolve the Diet one of these days.**

近いうちに国会を解散します——。ところが「近いうち」の定義があいまいだったため、政局は混乱を極(きわ)め——

◎ **I'll call you one of these days.**

◎ **Let's get together one of these days.**

「近いうちに電話するわ」「近いうちに会おう」……、いずれもよく聞くセリフだが、いつもあいまい。

☞ Eaglesのヒット曲 "One Of These Nights（呪(のろ)われた夜）" はこのone of these daysをもじったタイトル。

同じように使われるあいまいな言い方に before long、sometime soon、in the near future などがある。

◎ **Spring will come before long.**

◎ **Come and see me someday soon.**

いずれも、実際に「いつ」なのかは不明確だが、「さほど遠くはなさそうだ」と思わせる。

△ **I'll tell you the whole story someday.**

いずれすべてお話しします……。消極的なのはバレバレ。

× **I'll clear up all my debts sooner or later.**

借りた金はいつか耳をそろえて返すよ……。空手形と覚悟しておくほうがいい。

☞「ホンネがバレても平気」の確信犯なら、どちらも◎。

トリビア

「期限」はどこまで明確か

国際ビジネスの現場では、「すぐに」や「早急に」の解釈のズレが深刻なトラブルを招くこともある。ある調査によれば、英語圏でもimmediatelyやsoonの解釈は人によって異なり、immediatelyでは「即座に」から「1週間以内」まで、soonでは「1日以内」から「1年以内」までの幅があったという。

つまり、「期限」の基準には、日本語の場合と同様、あいまいなものも多いわけだが、ここでは比較的、明確なものをいくつか紹介しておこう。

an hour or twoやin an hour or soは「1〜2時間で」。by the end of the dayは「今日中に」。by tomorrowは「明日までに」。within a couple of daysとwithin a few daysはどちらも「2〜3日うちに」と訳されることが多いが、あえて言うなら、前者が「2日以内に」、後者が「3日以内に」。this weekとby the end of this weekは「今週中に」。early next weekは「週明けに」。within a weekは「1週間以内に」で、within a monthが「1ヵ月以内に」。そしてthis monthやby the end of this monthが「今月中に」となる。

チャラ男
flashy guy
【 フレァシィガイ 】

チャラい男、チャラチャラした男、言うこともやることも軽くて安っぽい男……、要するに「軽薄男」のこと？

　　△ **He is a playboy.**

「チャラい」というより、むしろ「粋(いき)な」とか「オシャレな」といった芳香(ほうこう)をまとってしまう。

「チャラい」というからには、やはり否定的なニュアンスがほしい。だとすれば――

　　○ **He is a showy guy.**

　　○ **He is a glitzy boy.**

showyは「見かけだけの」、glitzyは「派手な」「けばけばしい」。かなり「チャラい」に近い。

　　◎ **He is a flashy guy.**

flashyは「鋭い」「セクシーな」などの意味で好意的に口にされることがある一方、「うわべだけの」「安っぽい」「目立ちたがり屋」といった否定的な意味でも使われる。

☞ 語源は「閃光(せんこう)」を意味するflash。ピカッと一瞬、光って終わりということか……。

カタカナ語の「チープ」と同様、英語のcheapにも「安っぽい」

とか「軽薄な」の意味がある。

　○ **He is cheap.**

ただし、使えるのは特殊なケースに限られる。

　× **She is cheap.**

「誰とでも関係をもつ尻軽女」になってしまう。

☞ 他にchintzy【チンツィ】、kitschy【キッチィ】、cheesy【チーズィ】なども「チャラい」の意味で使える。

> トリビア

スポーツマンはチャラい？

意外なようだが、アメリカではsportyが「チャラい」の意味をもつことがある。もちろん基本的には「スポーツマンらしい」とか「きびきびした」など好意的な意味で使われるが、一部のきわめて保守的な人々の目には、スポーツに明け暮れる男たちが、「遊んでばかりいる頭の軽いヤツ」と映るのかもしれない。

テンションが高い
in high gear
【インハイギぁ】

tensionは「緊張」や「張力」のことだから、「テンションが高い」をそのまま英訳するとおかしな話になる。

　　× **His tension is always high.**

「彼はいつも緊張している」ということ。そもそもtensionは人には使わない。

☞「やる気」を語りたいならtensionよりhigh、hyper、excited、motivated、upなどの単語を使うほうがいい。

　　○ **She is high on this idea.**
　　△ **She is always high.**

highは麻薬などで興奮した状態を指すこともあるので、使い方や状況によっては注意が必要。

　　○ **He seems hyper today.**

hyperはhighより強烈。「興奮しすぎ」「テンション高すぎ」といった批判的なニュアンスを含む。

　　○ **You are so excited today.**

好意的な言い方。

　　○ **She is well motivated these days.**

マイルドな言い方。

　　○ **He is on fire!**

テンションは最高潮に達している。

逆に「テンションが低い」と言いたいときは――

○ **I'm so depressed today.**
○ **He's down today.**

便利な言葉にgearがある。自動車の「ギア」でおなじみ、本来は「歯車」や「伝動装置」のことだが――

◎ **He is in high gear.**

ズバリ「テンションが高い」の意味で使える。

☞ 当然、「テンションが低い」は "He is in low gear."。

Jump!

「テンションが上がる」「テンションを上げる」

やはり直訳は不可。

× **You have to raise the tension.**

人間関係でも国際関係でも、tensionが高いのは好ましい状態ではない。どちらかと言えばease the tensionやreduce the tension、つまり緊張緩和(かんわ)したいものなのだ。

◎ **Let's gear up.**
◎ **Time to get in gear.**

テンションを上げるものをmotivationと呼ぶが、driveも同じように使える。have driveなら「やる気だ」。したがって「テンションが上がる」はget drive。

○ **I've got my drive.**

逆に「テンションが下がる」はlose drive。

テンパる
tense up
【テンすアッぷ】

麻雀用語の「テンパイ」、すなわち「あと一手で上がれる状態」を示す言葉が不可解な進化を遂げ、「余裕を失う」「焦る」「混乱する」の意味をもつようになった。

◎ **He tensed up.**

「あと一手」という極限状態にあって、「もしかしたらツモれるかも……。でも、他にもテンパイしているヤツがいて、先に安い手でロンしたりしないだろうか……」などと考え、ドキドキハラハラしている気分にぴったり。

○ **She is on edge.**

○ **Don't be so jittery.**

on edge、jitteryは、いずれも「緊張している」様子。

○ **My heart was in my throat.**

「心臓が喉にあるかのようにドキドキした」ということ。

「テンパる」イコール「パニクる」と考えれば——

○ **I'm going into a panic.**

「パニクりそう」ということ。

○ **He's panicking.**

すでにパニックにおちいっている。

☞ 動詞 panic の現在分詞形は panicking になる。珍しい例。

○ He choked.

chokeは「窒息する」。転じて、スポーツ選手が大事な局面でテンパったあまり大失敗すること。サッカーのスター選手が0対0でPKを外したり、野球のエースピッチャーが満塁で暴投したり……。

「テンパる」イコール「キレそう」と考えるなら──

○ I might be flipping out.
○ He is about to snap.

flip outは「おかしくなる」とか「錯乱する」。snapは「ポキッ」と折れたり「プツン」と切れること。

アメリカ人の言い分

なぜ「テンパイ」で緊張するか？

アメリカ人にも麻雀好きはいます。当然、「テンパイ」は好きな言葉です。だから、「テンパる」が悪い意味で使われていると聞くと、みんな混乱します。

もしかして「闇テン」のせいですか。将棋の「王手！」やチェスの「チェック！」は正々堂々「あと一手！」と宣言するのに、闇テンはバレちゃいけません。だから心臓がドキドキして、指先に脂汗がにじむこともあります。そういう状態が「テンパる」なのかな……？

ちなみに、本来の「テンパイ」を英語で言うとready、またはready hand、「ロン！」は"Mahjong!"です。

どん引き
shock
【シャッく】

相手の非常識な物言いや予想外の行動を目の当たりにして、たじろいだり、ひるんだり、げんなりしたり、言葉を失ったりすること。または、その場の空気が凍りつくこと。

△ That's a turn-off.
△ He's a turn-off.

この場合のturn-offは名詞で、「うんざりさせるモノ」や「興味を減退させるモノ」。人に関してはあまり使わないが、あえて使えば独特の違和感や嫌悪感が伝わる。

ただし、あくまで「彼にはうんざりだ」程度の感情であり、「どん引き」としては弱い。

イディオムのturn...offも「引かせる」とか「うんざりさせる」という意味で使える。

○ Her words turned us off.
○ His attitude totally turned me off.

しかし、「どん!」的にやはり弱い。

☞ 反対語のturn onは、気持ちを昂揚させたり、興味をかきたてたりすること。とくに性的な興奮を与えること。

「あきれてものが言えない」「驚きのあまり言葉を失った」というな

ら——
- ○ I was speechless at how bad she was.
- △ I shrank back from his rudeness.

恐怖や身の危険を感じて縮みあがる感じになる。

☞ shrink backやshrink awayも「たじろぐ」とか「おじけづく」。

「どん！」と引く感じを出すには、単純だけれど、これがいちばん。
- ◎ He shocked me.
- ◎ I was shocked to hear her words.

shockには「ぎょっとさせる」とか「あきれさせる」という意味がある。

アメリカ人の言い分

「どん」とか「でん」とか…

日本語に精通したガイジンにも苦手な言葉があります。その一つが「どん」とか「でん」とかいう擬態語。

日本で何年も暮らしていれば、自然とわかるようになる言葉もたくさんありますよ。でも、その種の言い方は数限りなくあるらしい。しかも「たらたら」と「だらだら」、「のろのろ」と「にょろにょろ」はとても似ているのに、微妙にニュアンスが違ったりするでしょう。どうしてすべての日本人がすべての擬態語を使いこなせるのか、不思議でなりません。

なかったことにする
forget it
【フォあゲとぃと】

便利なセリフは万国共通。「なかったことにしよう」も便利だから、当然、英語にも似た表現はあるはずだが——

　△ **Let's pretend nothing happened.**

さすがに直訳すぎる。

「なかったことにする」が、「これまでのことはすべて水に流して、やり直す」ことだと考えれば——

　△ **Let's wipe the slate clean.**

slateは昔の筆記用の石板。「石板をきれいに拭いて、書き直そう」ということ。

　△ **Let's start over from scratch.**

from scratchは「最初から」という意味のイディオム。

　△ **Let's make a fresh start.**

「新たな気持ちでやり直そう」ということ。

いずれも前向きすぎる。「なかったことにする」の、なんとなく卑怯な感じが出ない。

「なかったことにする」を「忘れる」と考えれば——

　△ **Let's forget everything.**
　△ **I'll forget what happened.**

解釈しだいでは「なかったことにしよう」になりそうだが、実際には「心を入れ替えてがんばろう」という、やはり前向きなニュアンスとなることが多い。

かならずしも前向きではないforgetもある。
◎ **Forget it!**
◎ **Just forget it!**

前言を 翻(ひるがえ)すときの「いや、なんでもない」とか、依頼を断るときの「ダメ！」とか、謝罪や言いわけを遮(さえぎ)るときの「もういいよ」など、さまざまな場面で使えるが、「なかったことにしよう」にもぴったり。

トリビア

ちょっと特殊な「なかったことにしよう」

西部劇やスパイ小説、犯罪映画などには、その世界ならではの特殊な決まり文句がある。「動くな！」を意味する"Freeze!"や"Make my day!"などがよく知られているが、「なかったことにしよう」に類する言葉もある。
"You never heard this."は「聞かなかったことにしてくれ」。"If someone asks you, I was never here."は「私はここにはいなかったことにしてほしい」。
一方、昔ながらの諺(ことわざ)で「なかったことにしよう」に似ているのは"Forgive and forget."と"Let bygones be bygones."、いずれも「過去は水に流そう」「和解しよう」という前向きな意味である。

なにげに
casually
【ケァジュアリー】

いつのまにか「気楽に」「さりげなく」などの意味で、日常的に使われるようになっていた言葉。

△ He told her about it without thinking.
△ They said it lightly.

いずれも「考えもなく」とか「理由もなく」ということだから、「軽率に」に近いニュアンスになる。

「なにげに」の場合は、「思慮」より「特定の目的」や「特別な意図」がない感じがする。

◎ I did it casually.
◎ He talked in a casual manner.

日本語で「カジュアル」と言うと「気楽な」「ふだん着の」といったニュアンスが強いが、英語のcasualは本来、「偶然の」とか「明確な意図がない」という意味。

☞「無計画な」「いいかげんな」など否定的な意味で使われることもある。

意外に役立つ言葉集

さまざまなcasual

- casual love　　　　行きずりの恋
- casual meeting　　偶然の出会い
- casual mistake　　うっかりミス
- casual death　　　不慮(ふりょ)の死
- casual friend　　　親友というほどでもない友人
- casual inspection　適当な調査
- casual disregard　不注意
- casual attitude　　寛容な態度

アメリカ人の言い分

ガイジン泣かせの日本語

最近の日本語にはガイジン泣かせの言い方がたくさんあって困ります。たとえば「全然、いい」。変でしょ？ 「なにげに」も広辞苑には載っていません。正しくは「なにげなく」じゃないのですか？ 「なく」がないのに、どうして意味が同じなのか理解できません。

個人的に悩ましいのは「……しかねない」です。「……しかねる」は「できない」「……しそうもない」で、それを否定しているのだから、「できる」「やる」ということなんですね。文法的には正しいのでしょう。でも、この言葉を聞くたび、深く考えこんでしまうのです。

肉食系
aggressive
【アぐぅれスィヴ】

そのまま英語に置き換えると、「肉食系」はcarnivorous、または meat-eating（flesh-eating）、「肉食生物」はcarnivoreとなる。ただし——

　　× **He is a carnivorous man.**
　　× **She is a flesh-eating woman.**

「恋愛に積極的か、消極的か」の意味で使おうとしても、まずわかってもらえない。

☞ 一方の「草食系」はherbivorousまたはgrass-eating、「草食生物」はherbivoreだが、こちらも同様。もちろんvegetarian（菜食主義者）もダメ。

シュワルツェネッガー主演の映画"Predator"のpredatorは「捕食動物」、つまりライオンやトラのことだが——

　　× **He is a predator.**

安易に口にしないほうがいい。強姦魔をイメージさせる。

あくまでも恋愛に「積極的」とか「精力的」なことがポイントだと強調したいなら、こんな言い方もできる。

　　○ **She is bold in love.**

boldは「大胆な」とか「勇敢な」。

◎ **She is assertive in love.**
◎ **He is aggressive in love.**

assertiveは「積極的な」「強引な」。aggressiveには「侵略的な」の意味もあり、さらに肉食っぽい印象がある。

ちょっと微妙な「肉食系」として――

△ **She is forward.**

forwardの基本的な意味は「前へ、前へ」。転じて「進歩的な」とか「熱心な」とか「積極的な」。

女性にのみ使われる点でも「肉食系」に似ているようだが、実際には「男に色目を使う」とか「すぐにべたべたする」といったニュアンスで、「肉食系」のたくましさや豪快さはない。

――― トリビア ―――

アメリカの「草食系男子」と「肉食系女子」

日本の「草食系男子」に若干（じゃっかん）似ているのが、metro-sexual man。「同性愛者」のhomosexualに対して「異性愛者」をheterosexualと呼ぶが、これをもじった言い方で、都会に多く見られる「清潔で、オシャレで、性欲よりも自己愛のほうが強そうな男」のことである。

一方、「肉食系女子」に似ているのがcougar【クーガあ】。本来の意味は「アメリカライオン」だが、若い男性を襲う熟女を示す言葉として、一時期、流行した。

ハードルが高い
challenging
【チェァリンジンぐ】

目標達成がむずかしい、または要求されたレベルが高すぎるということ。

× **The hurdle is high.**

直訳としては完璧。
状況によっては意味も通じる。ただし、明確なゴールや具体的な障害物が必要。"This exam is the last hurdle before graduation." などがhurdleの典型的な使い方となる。

☞ hurdle（障害物）はもともと邪魔に決まっているのだから、あえて「高い」を強調する必要もない。

△ **For me, that's a hurdle.**

「他の人には簡単かもしれないが、私にはむずかしい」といったニュアンスになる。

「ハードル」にこだわらないほうが自然だろう。

○ **The goal is too high.**

○ **That goal is ambitious.**

この場合のgoalは「目標」や「目的」。
クラーク博士の名言 "Boys, be ambitious." で知られるambitiousは「野心的な」とか「大胆な」。

◎ **That's a challenge for me.**

◎ It's challenging for me.

challengeとは、そもそも「ハードルを越えようとすること」なのである。

◎ I'll take on that challenge.

☞ ただし、動詞のchallengeは要注意。

○ I'll challenge him.

× I'll challenge that.

「チャンピオンに挑戦する」など挑む相手が必要となる。「難問に挑戦する」といった言い方はしない。

☞ 明確な敵や相手がいないときはtryやattemptを使う。

○ I'll try the assignment.

○ I'll attempt the task.

トリビア

やだ、ハードルを上げちゃった……

上司に「この仕事、1週間で頼めないかな？」と聞かれて、思わず「3日でできます」と答えてしまったり、うかつにも「結婚相手の最低条件は年収1000万円」と宣言してしまったり、つまらない見栄や意地のせいで、みずからハードルを上げてしまうことがある。そんなときにぴったりな言い方がraise the bar。ハードルならぬハイジャンプ（走り高跳び）のバーを上げるのだ。

raise the stakesも使える。stakesはゲームやギャンブルの賭け金のことだが、意地を張ってみずから賭け金をつりあげていく感じがおもしろい。

ひきこもり
cocooning
【カクーニんぐ】

基本的には「家にこもる」こと。ただし——

× **I stayed at home yesterday with a cold.**

風邪で家にこもることを「ひきこもり」とは言わない。

☞ 名詞のstay-at-homeを「ひきこもり」の意味で使うことはある。

○ **He used to be a stay-at-home.**

ただし「閉じこもり」感が希薄なため、単に「家にいる人」、または「家で仕事をする人」と解釈されることもある。

「閉じこもり」感が強いのは——

◎ **He used to be a shut-in.**

きっちりカギをかけて閉じこもるイメージ。

☞ 動詞のshut inは誰かを「閉じこめる」。たとえば "She shut her son in the closet." なら「彼女は息子を押入れに閉じこめた」。しかし、名詞のshut-inは自分で閉じこもってもいい。

○ **His son is socially withdrawn.**

withdrawは「ひっこむ」「ひきさがる」だから、社会的、社交的にひきこもっているということ。

◎ **We have to solve the problem of cocooning.**

私たちはひきこもりの問題を解決しなければならない——。これがいちばん「ひきこもり」に近い。

☞ cocooningは昆虫の繭(まゆ)を意味するcocoon【カ**クー**ン】から派生した言葉で「繭や殻に閉じこもる」こと。

> トリビア

さまざまなひきこもり

アメリカにも「ひきこもり」に似た社会問題がある。かつては18歳になると親の家を出て独立するのが普通だったが、最近は20歳過ぎても親と同居する子どもたち、いわゆるadult children living at homeが増えている。

一度は自立した後、ブーメランのように実家に戻ってくる子どもはboomerang kidsと呼ばれる。生活費まで親に頼るときはパラサイト（寄生虫）のようだという意味でparasite。かなり批判的な言い方である。

日本では耳慣れない言葉だが、recluse【ゥりく**ルー**す】やhermit【**フ**ぁミッと】も使える。どちらも本来は「世捨て人」や「修行僧」のことだが、現在、Hermit Kingdomと言えば北朝鮮を指す。1882年に出版された"Corea: The Hermit Nation"のなかで、著者のWilliam Elliot Griffisが鎖国中の朝鮮をhermitと呼んだのがはじまり。2009年に当時の米国務長官Hillary Clintonがこれを引用したことで復活した。

ビミョー
iffy
【イフィ】

「微妙」とは本来、味わいや趣(おもむき)が奥深いこと、細やかで複雑なこと、違いや変化がかすかなこと……。

○ **There is a subtle difference between them.**

○ **I noticed a slight change.**

それぞれ「微妙な違い」「微妙な変化」を語っている。

☞ subtle【サとう】は「かすかな」とか「複雑な」。

一方、21世紀に入って急速に伝播(でんぱ)した「ビミョー」の意味合いはかなり違う。

たとえば「それはビミョーな問題だ」を英語で言うと――

○ **It's a delicate issue.**

○ **This is a touchy question.**

この場合のdelicate【デリケッと】は「扱いにくい」とか「対応がむずかしい」、touchy や sensitive もほぼ同じ意味で使われる。

○ **That's a borderline case.**

borderlineは「境界線上の」とか「どちらとも言えない」。"Yes." "No." を明言したくないときにも使える。

○ **I have mixed feelings.**

○ **It's a mixed bag.**

この場合のmixedは、いいものも悪いものも混ぜこぜになった

some good, some badの状態。
☞ ほんとうはbadと言いたいことも多い。

ビミョーならではのいい加減な感じを出したいなら――
- ◎ It's a little iffy.
- ◎ That's an iffy situation.
- ◎ I feel iffy about that.

iffyは日本人にはなじみの薄い単語で、学校教育でも教えないが、使いようによってはおもしろい。
☞ 100年くらい前、ifにyをくっつけてつくられたという、もともといい加減な感じの形容詞。その後、独自の進化を遂げ、「あやふやな」「怪しい」「いかがわしい」などの意味をもつようになった。
比較級iffier、最上級iffiestもあるが、まともな文章に登場することは、まず、ない。雑談のなかで冗談半分に使われるのがもっぱらである。

「さあ…、どうかなあ。う～ん、ビミョー…」などと言いたいとき、いちばん簡単で、間違いないのは――
- ◎ I don't know.

表情や言い方でいろいろな気分を表せる便利なセリフなのである。

振り込め詐欺
"Pay up" scam
【ペイアッぷ・すケァむ】

電話などを使ってお年寄りをだまして金銭を振り込ませる詐欺(さぎ)のこと。日本特有の犯罪であるため、英語ではまだ定着した呼び名がない。

「詐欺」はscamやfraud【ふぅろーど】だから、bank transfer scam、bank billing fraud、wire fraudなどと呼ばれることもある。いちばんピンとくるのは——

◎ **They carried out some "Pay up" scams.**

「何件かの振り込め詐欺を働いた」ということ。

☞ pay upは借金や代金を「すべて払う」。直訳すれば「"払え"詐欺」で、"Pay up" phone scamとも言う。

☞ ちなみに、前身の「オレオレ詐欺」は"Hey, it's me" scam、"It's me, it's me" scamなどと呼ばれていた。

新呼称の「"母さん、助けて"詐欺」は"Help me, Mom" scamといったところだろう。

「フィッシング詐欺」は通常、ネットを通して行う詐欺のことだが、「振り込め詐欺」の意味で使う人もいる。

〇 **He was arrested for a phishing scam.**

「フィッシング詐欺の容疑で逮捕された」ということ。

☞ 語源のfishing(釣り)がなぜphishingと表記されるようにな

ったかについては諸説ある。もっとも有力なのは「洗練された詐欺」の意味で、fishing に sophisticated をひっかけたという説。

アメリカ人の言い分

アメリカ人も詐欺にひっかかる

大阪人はこの種の詐欺にひっかからないそうですね。合理的だからか、ケチだからか、その両方だからかは知りませんが、さすがです。合理的でケチなのはアメリカ人も同じ。そのせいか「アメリカの方はこんな詐欺にはひっかからないでしょ」と言われることがあります。でも、アメリカ人は案外、詐欺に弱い。

有名なところでは、1980年代から始まった「ナイジェリア詐欺（Nigerian bank fraud）」に大勢のアメリカ人がひっかかりました。当初、架空の儲け話や嘘の遺産相続話を知らせる手紙がナイジェリアから届いたため「ナイジェリアの手紙（Nigerian letter fraud）」とも呼ばれますが、最近ではEメールが中心になっているようです。

「ピラミッド詐欺（pyramid scam）」もあります。被害者が次々に加害者に転じて、連鎖的に被害を拡大させる詐欺のこと。日本の「ネズミ講」に似ています。

悪いヤツは世界中どこにでもいるのです。考えてみれば、2000年代のサブプライム住宅ローン危機（subprime mortgage crisis）やリーマン・ショック（Lehman Shock/Lehman Crash）だって、詐欺みたいなものですよ。

ほっこりする
get cozy
【ゲとコウズィ】

じつは古くからある由緒正しい日本語である。基本的に「ほっこり」はあたたかそうな様子のことで、「ほっこりする」はあたたまること。

○ **I want to get warm in the kotatsu.**
○ **I warmed up in the hot spring.**

こたつや温泉に入れば、たしかに身体はほっこりするが……。
warm も warm up も、それだけで精神的な「ほっこり」まではカバーできない。
心が「ほっこりする」と言いたいときは──

○ **That warmed my heart.**
○ **I like heartwarming stories.**

heartwarming story は、文字どおり「心あたたまる話」のこと。

身体も心もあたたまって快い気分になるのが「ほっこり」だとすれば、いちばんぴったりくる言葉は──

◎ **We spent a cozy evening in the kotatsu.**
夜はこたつに入ってほっこり過ごした。

☞ cozy は本来、こぢんまりしていて、あたたかくて、居心地のよい巣穴や隠れ家みたいな感じ。

tea cozy と言えば、ティーポット・カバーのこと。

Part 1

◎ **I got cozy under my futon.**

get cozyは「あたたかくて、いい気持ちになる」。つまり、ほっこりする。

☞ get cozyには「快適な関係を結ぶ」という意味もある。

○ **I got cozy with her.**

アメリカ人の言い分

コージーコーナーは「かどや」？

銀座発祥の老舗洋菓子店「銀座コージーコーナー」、この店名がどのように決まったのか、じつは前から気になっていました。英語でcozy cornerと言えば「家や建物内部の居心地のいい場所」のこと。でも、このお店の場合は「かどや」を英訳したのかな、と思ったからです。

だって、「かどや」は日本の伝統的な店名の一つでしょう。とくにお菓子屋さんに多い気がします。そして実際、コージーコーナーの銀座本店は角にあるのです。

ところが、お店のHPなどを見ると、「憩いの場所」の意味だと書かれています。ほんとうはどういう事情だったのか、初来日以来のファンとして、ぜひ知りたいところです。

前向きに検討する
think about
【 せィンクァバウと 】

本気で「前向きに検討する」気があるときと、口先だけのときがある。本気の場合は――

　　○ I'll give it serious thought.
　　○ We'll see what we can do.
　　○ We'll consider it in a positive light.

先方も心強く感じ、大いに期待するだろう。
ただし、先方の期待を裏切った場合、後で深刻なトラブルに発展する恐れもあるから、安請け合いはいけない。

とりあえず「考えときまっさ…」程度に流しておきたいときは――

　　◎ I'll think about it.

先方もさほど多大な期待は抱かない。

「その気がない」ことをより強く匂わせたいなら――

　　○ I'll get back to you on this.
　　○ I'll have to think this over.

先方はほとんど期待しない。

アメリカ人の言い分

Japanese never say "No."

日本人に頼みごとをすると、けっして "No." と言いません。だから、来日したばかりの外国人はみんな「なんて親切な人たちばかりなんだ！」と感動します。でも親交を深めるにつれ、徐々に Japanese never say "No." のほんとうの意味がわかってくる。

「日本では "That's difficult." が "No." を意味する」とはよく言われることですが、じつは "Maybe." も "No." なのです。そして "Yes." が "Maybe." です。

それだけじゃありません。日本企業と取り引きしたことのある欧米のビジネスマンなら、みんな経験しているでしょう。proposal を提出すると、よく "We'll take that under consideration." と言われます。当然、喜びますよ。"We will study the proposal." と言われれば、大いに期待します。かなり前向きな印象を与える言い方だからね。でも結局は、どっちも "No." なのでした。逆転負けをくらったショックは大きいよ。

どうせ "No." なら、なぜ最初からはっきり言ってくれないのでしょう。そのほうがお互い無駄な時間や労力を使わずにすむのに……。

真逆
exact opposite
【イぐゼァくとアパズィと】

「逆」を意味する英単語のなかでもっとも使い勝手がいいのはopposite。ただし強調するときは要注意。

　　× It's very opposite.
　　× It's so opposite.

「逆」とは「反対」や「両極」のこと。そもそもが極(きわ)まった関係なのだから、さらに強調することはできない。

☞ この場合のoppositeは形容詞だが、more oppositeやmost oppositeといった表現も、当然、成り立たない。日本語でも「もっと反対」や「もっとも逆」は言わないはず。

「まさに」や「これこそ」の方向で強調することは可能。

　　◎ It's the exact opposite.
　　◎ That's the complete opposite of this.

要するに「真逆」である。

☞ この場合のoppositeは名詞で「反対のもの」とか「逆のこと」を意味する。

　　◎ That's quite the opposite of my taste.

「私の好みとは真逆だわ」ということ。

> トリビア

アメリカでもっとも有名な文法ミス

日本語で「より完璧」という言い方をする人がいる。しかし「完璧」は、すでに「非の打ちどころがなく、これ以上は望めない」状態のことなのだから、「より完璧」はありえないはずである。

英語でも同じ。more oppositeが存在しないのと同様、more perfectもありえない。少なくとも、アメリカの学校ではそう教えている。

ところが——、じつはそのmore perfect、とんでもなく重要な文書に堂々と登場している。アメリカ合衆国憲法の前文に"in order to form a more perfect union…"という一文があり、「アメリカでもっとも有名な文法ミス」と言われているのだ。

厳格な文法原理主義者にとっては許しがたい誤りだろう。しかし一方には「許容範囲内」という意見もある。perfectは一種の誇張であり、実際にはnearly perfectを意味することが多い。したがってmore nearly perfectのニュアンスでmore perfectと言っても、かならずしも間違いとは言えないというのだ。

どの国の文法学者にも厳格なグループとやわらかいグループがあるようだが、日本でも「より完璧」の正当性は議論されているのだろうか……。

まじ…

real...
【ぅりーオう】

「真面目(まじめ)」の略語。通常は「まじ？」、つまり「あなた、本気なの？」と問いかける形で使われる。

- ○ **Are you serious?**
- ○ **Are you sure?**

言い方が真面目すぎる。

「まじ」らしい気さくな感じを出したいなら――

- ◎ **Serious?**
- ◎ **For sure?**
- ◎ **Seriously?**

なかでもおすすめは――

- ◎ **For real?**

ズバリ、「まじ？」の感じ。

☞ 答えも "For real." つまり「まじだよ」でいい。

「まじ」は、「まじ、おかしい」「まじ、イケメン」などのように修飾語として使われることもある。

この「まじ…」を真面目に英訳すると――

- ○ **That's surely funny.**
- ○ **He's a really cool guy.**

文法的には正しい。

○ **She sure is beautiful.**

口語ではsureも形容詞ではなく副詞として使える。
ただし、いずれの場合も真面目すぎて「まじ…」の軽さがない。

「まじ…」ならではの能天気な感じを出したいときは——

◎ **That's real funny.**
◎ **He's a real cool guy.**

文法的には、あきらかに間違い。形容詞のrealではなく、副詞のreallyを使うべきなのである。
しかしアメリカでは、気軽な会話限定でrealを使うことが許されている。

◎ **You did a real good job.**
◎ **That was a real wonderful dinner.**

まったりする
take it easy
【 テイクィとイーズィー 】

平和で、おだやかで、のどかで……。英語ならまずcalmやgentle、peaceful、quietなどが思い浮かぶ。

　　○ **The sea is calm today.**
　　△ **He is a calm leader.**

海はまったり、ひねもすのたりのたり……。ただし「彼」の場合は「落ち着いたリーダー」といったニュアンスになる。

　　△ **She is always gentle.**

「彼女はつねにおだやかだ」ということ。

「まったり暮らしたい」というときは——

　　○ **I want to live in peace and quiet.**

ただし、比較的、長いスパンでの話。今日、明日の問題ではなく、そういう人生を送りたいということ。

「今夜はまったり過ごそう」と言いたいなら——

　　◎ **Let's take it easy tonight.**

take it easyはさまざまな意味で使われるが、この場合は「くつろぐ」とか「快適に過ごす」。

☞ take it slowも同じ。

　　◎ **Let's take it slow today.**

意外に役立つ言葉集

easyとslowを使った決まり文句

〈easyを使ったいま風の決まり文句〉

- **easygoing** のんきな、気ままな
- **easy living** 気楽な暮らし
- **easy time** くつろぎの時間
- **easy fit** ゆったりした服
- **easy death** 安楽死
- **easy victim** カモ
- **easy money** あぶく銭
- **rest easy** 枕を高くして眠る
- **go easy on** ～にやさしくする、食べすぎない

〈slowを使ったいま風の決まり文句〉

- **slow food、slow meal**
  安全な食材を使って丁寧に料理した食事を、時間をかけて楽しむこと
- **slow living** ゆったりした暮らし
  (slow lifeは和製英語)
- **slow party** たいくつなパーティ
- **slow business** 儲からない商売
- **slow day (at work)**
  あまり仕事がなくてひまな日、退屈な日

メル友
e-pal
【イーパう】

Eメールを介してつきあう友人のこと。

△ **She's my friend through e-mail correspondence.**

「彼女はEメールを介してつきあっている友人です」……。たしかにそのとおりだが、いかにも説明的。

かつて「文通相手」はpen-palと呼ばれた。これを応用すればもっと簡単。

○ **She is my e-mail pen-pal.**

さらに簡略化して――

◎ **She is my e-pal.**

◎ **He is my cyber-pal.**

◎ **I have a key-pal in the USA.**

ネット上には海外の人とe-palやcyber-palになるサイトもたくさんあり、そうしたメル友づきあいはInternet relationshipなどと呼ばれている。

☞ ちなみに、文通相手をpen-palと呼んだのはアメリカ。イギリスではpen-friendと呼ばれていた。したがって、イギリスではe-mail pen-palもe-mail pen-friend、cyber-palはcyber-friendとなる。

Part 1

> トリビア

「スパム・メール」の語源は？

「スマホ」の語源はsmart phone、「ネットカフェ」はinternet café、日本人は何でも短くしたがるものだ。

ところで「ブログ」は英語でもblogだが、語源をたどればweb-log（ネット上の日誌）の省略形。アメリカ人も短くするのが好きなのである。

では、一方的に送りつけられる迷惑メールを意味する「スパム・メール」はどこから来たのだろう。spamの語源はSpam。日本では「ランチョン・ミート」として知られる合成肉の缶詰だ。何が混ざっているか謎のため"mystery meat"と呼ばれることもある。語源についてはspiced-hamの省略説が有力だが、"Something Posing As Meat（肉のふりをした何か）"だと主張する声もある。いずれにしても、保存食、軍用食として重宝がられてきた。沖縄では「ポーク」と呼ばれ、ゴーヤー・チャンプルーなどに欠かせない食材となっている。

そのspamがなぜ「迷惑メール」を意味するようになったのか。じつは、イギリスの1960〜70年代の人気コメディ・グループMonty Python（モンティ・パイソン）の有名な寸劇から「巷にあふれているモノ」「飽き飽きする食べ物」を意味するようになったと言われている。日本で言えば、クレイジーキャッツやドリフターズのギャグが古典的名作として語り継がれ、ネット用語として復活したようなものである。

もってる
have something
【ヘァヴ**サ**むせィんぐ】

何か特殊なプラスα、たとえばとんでもなく強い運や底力、大勢の人をひきつける魅力などをもっているということ。

◎ **He has something.**

◎ **He really has something.**

まんまではあるが、かなり通じる。

☞ もともとsomethingには、それだけでsomething special、something amazingなどの意味がある。

○ **That's really something.**

「たいしたものだ」という決まり文句。

これを人に応用すれば——

○ **He is something.**

「たいした人だ」とか「なかなかの人物だ」という意味になる。

ただし、普通の会話では「もってるもの」の中身をはっきりさせるほうが自然。

「運がいい」と言いたいなら——

○ **She has good luck.**

○ **He is blessed.**

「才能に恵まれている」と言いたいなら——

○ **He has talent.**

○ **You are gifted.**

「魅力がある」なら——

○ **She is so attractive.**
○ **He has a peculiar charm.**
○ **She has sex appeal.**

日本語の「セックス・アピール」は性的なニュアンスが強いが、英語の sex appeal は多くの場合、単に「魅力」。

Jump!

よくないものを「もっている」のは？

人が「もってる」のはいいものとは限らない。

たとえば悪運がついているときは——

○ **He is jinxed.**
○ **He has a jinx.**

俗に言う「ジンクス」のこと。

○ **She is ill-starred.**

「悪い星の下に生まれた」ということ。

悪霊がついているときは——

○ **He is cursed.**

「呪（のろ）われている」ということ。

○ **He is bedeviled.**

「悪魔に魂を奪われた」ということ。

ヤバい

dangerous
【ディンジュぅらす】

本来の意味は「危ない」だから、まずはdangerousから。

- ○ **It's a dangerous job.**

ずばり「危険な仕事」のことであり、「やばい仕事」とは少し違う。「やばい仕事」の場合は——

- ○ **It's a touchy job.**
- ○ **It's an iffy job.**

touchyは「きわどい」「厄介な」、iffyなら「あやしい」とか「いかがわしい」といったニュアンスが加わる。

一方、窮地におちいったときにつぶやく「やばい…！」は——

- ○ **I'm in trouble.**
- ○ **I'm in hot water.**
- ◎ **Yikes!**【ヤイくす】

いずれにしても、本来の「やばい」がネガティブな言葉であることは明白である。

ところが最近の「ヤバい」は、ポジティブな意味でも使われる。しかも「すごい！」「かっこいい！」「おもしろい！」「おいしい！」など、ほとんどどんな形容詞の代わりにもなりうるから、ヤバい。この「ヤバい！」に対応する英語表現としては——

○ **That's awesome【オーサむ】!**
○ **Terrific【テぅリフィく】!**

いずれも「恐ろしい」と「すばらしい」双方に使える。

幅広い意味をもちながら、よりカジュアルに使える、とても便利な単語がある。

◎ **Hmm..., this cake is so dangerous.**

う〜ん、おいしそう。でも、カロリー高そうだし……。

◎ **She's a dangerous woman.**

ぞっとするほどいい女……。

☞ 結局、「やばい」の基本dangerousに戻ってしまった。

トリビア

ネガティブな単語がポジティブに変移した例

「かっこいい」の意味で完全にスラングの域を超えた言葉がcool。Michael Jacksonのヒット曲のタイトルとして知られるbadも「悪い」から「超かっこいい」に進化。さらに最近では、sickやscary、filthy（汚い）、monster（化けもの）なども好意的に扱われ、応用範囲が急速に広がっている。

たとえばmonsterは、ジャズなど音楽の世界で最高のほめ言葉。sickやfilthyはスポーツ、とくに野球の世界で好まれる。さしずめ、ヤンキースに入団した田中将大投手が投げるスプリットなどはsick pitch、filthy pitchの典型だろう。

リストラされる
get the ax
【ゲとゼィエァくす】

「リストラする」の語源はrestructureだが——

× **I was restructured.**

restructureは本来、合理化のために「構造改革」や「再編成」を行うこと。社員をクビにすることではない。

○ **I lost my job under the company's restructuring plan.**

○ **I lost my job in the company's restructuring program.**

「私、このたび会社の再編計画ともなって職を失うことになりました」風で、説明っぽく、堅苦しい。

△ **I got fired.**

動詞のfireは「解雇する」とか「追いだす」の意味でも使われる。しかし「リストラ」は単なる解雇ではなく、組織の合理化や経費削減のために大量解雇されること。firedでは物足りない。

◎ **I got the ax.**

「斧で叩き割られた」とは、いかにも恐ろしげだが、日本語にも「大鉈をふるう」という言葉がある。

☞ give someone the ax なら「誰かをリストラする」。ただし、アメリカでは、リストラされるのはおもに公務員。

☞ 動詞のaxにも「解雇する」の意味がある。

ちょっと似た感じの言い方としては──

- **I got the sack.**
- **I was sacked from the job.**

sackの語源はジャガイモなどを入れる布製の大袋のこと。それがなぜか「解雇」を意味するようになり、動詞でも「首にする」の意味で使われている。

☞ 日本語にもなっている「レイオフ（layoff）」は、本来は企業の業績悪化にともなう一時的な解雇のことで、業績が改善されれば優先的に再雇用されるはずだった。しかし最近は、再雇用の見込みのない「集団解雇」の意味合いで使われることが多い。

トリビア

似て非なる進化を遂げた和製英語

「リストラ」のように、本来の英語とまったく関係ないわけではないが、違う意味をもつようになった和製英語はたくさんある。

たとえば「ナイーブ」。日本では「繊細な」といった意味合いで、ときにはほめ言葉にもなるが、native本来の意味は「幼稚な」とか「世間知らずな」。また「スマート」は「痩せた」の意味で使われるが、smartは「頭がいい」とか「手際がいい」「あか抜けた」の意味である。

Part 2

日常会話なのに話せない言い方

あっぱれ！
Bravo!
【ぶぅら〜ヴォウ】

感心し、絶賛する言い方。漢字で書けば「天晴！」だから、いかにも晴れがましい。

○ Well done!

ステーキなら「よく焼いた」だが、通常は「よくやった」という称賛になる。

○ Good job!

ご存じ「グッジョブ！」。こちらも「上出来だ」。
しかし、「天晴！」ほどの晴れがましさはない。

成功を称える言葉は他にもたくさんある。

○ Way to go!

○ That's the way!

いずれも "That's the way to go." の省略形。

☞ この場合のgoは「行く」ではなく「する」「行う」の意味なので──

○ That's the way to do it!

これも同じく「お見事！」といった意味合いになる。

○ Congrats!

"Congratulations!" の略。「おめでとう！」ということ。

◯ All right!

いずれも「よくやった！」や「お見事！」。ほめ言葉としてよく使われるが、「天晴！」ならではの大げさな感じや芝居がかったニュアンスは出せない。
ここはひとつ、芝居の世界に浸(ひた)ってみる。

◎ Bravo!

役者やミュージシャン、スポーツ選手などの見事なパフォーマンスを絶賛する言葉。盛大な拍手とともに。

☞ イタリア語源。本来、対象が複数の場合は"Bravi!"、女性の場合は"Brava!"が正しいようだが、アメリカ人はそんなこと、まったく気にしない。

アメリカ人の言い分

「お箸、上手ですね」

日本在住のガイジンの多くが経験していること……初対面の日本人と食事をするたびに「お箸(はし)、上手ですね」とほめてくれます。でも、いまどきアメリカにいるアメリカ人だって箸くらい使えますよ。中華料理だってあるんだから。日本で暮らしていて「お箸、上手ですね」を理解できる人間が箸を使えないはずないでしょう。だから最初はleft-handed compliment、つまり「ほめたふりをして侮辱(ぶじょく)している」のかと思いました。でも、わかってきました。実際は、ただ場をもたせたいだけ、話のきっかけがほしいだけ、ガイジンに気をつかってくれているだけなのですね。

あなたの血液型は？
What's your blood type?
【 ほワつュあぶラ〜どタイぷ 】

「血液型」はそのまま blood type でよい。
◎ **What's your blood type?**
アメリカ人は通常、血液型のことなど語りあわないから、「なぜそんなことを聞くのか？」といぶかしがられるかもしれない。文化論争の深みにはまる可能性もある。

では、血液型を問われたときは、どう答えるか。
→ **I'm O.**
血液型について話していることが明白なら、これでいい。

☞ 自分から血液型の話題を切りだすときは要注意。

○ **My blood type is B.**
○ **I have type AB blood.**
× **I'm typical type A.**

「私は典型的なA型」つまり「真面目で几帳面」と言いたいのに、type A だけだと「少しもじっとしていられないハイパー人間」と誤解される恐れがある。

☞ アメリカでは血液型とは関係なく人格を Type A personality、Type B personality などに分けることがある。Type A は "work hard, play hard" が身上のエネルギッシュなタイプ、Type B は easygoing なお気楽マン。

☞ 医療の現場などで本来の血液型について話すときはType A positive（＋）、Type B negative（－）のようにRhの型もつけ加えるのが普通である。

アメリカ人の言い分

なぜ、そんなこと聞くの？

血液型は日本人にとって無難な話題なのでしょう。他に星占い（astrology）もお好きですね。ちなみに、英語で「あなたの星座は何ですか？」と聞くときは、"What's your sign?" でOKです。アメリカにも星占いが好きな人は多いからね。

干支（Asian zodiac、Chinese astrology zodiacなど）を聞かれるときはちょっと抵抗を感じます。十二支自体はおもしろいけれど、日本人が「あなたの干支は何ですか？」と聞くとき、ほんとうに知りたいのは生年なのでは？　おそらく日本人がいちばん聞きたいのは、血液型よりも、星座よりも、年齢なんだよね。でも、なぜ相手の年齢がそんなに気になるのかな……？

ある、ある！
I know, I know!
【アイノウ・アイノウ】

「イカ墨スパゲティ、食べたことある？」「あるわよ」の類のやりとりなら——

　　○ **Oh, yeah**【ぃアー】.

十分、答えとして成立している。意図も通じる。
ただし、「イカ墨スパゲティ食べたまんま、知り合いに会っちゃったことってない？」に対する「ある、ある！」は、もっと前のめりな感じで言いたい。

　　× **There is, there is!**

ある、ある……！　みごとな直訳。場合によっては意味も通じる。たとえば "There is a strange shop around the corner." などに対する "There is, there is!" なら OK。
ただし、汎用性に欠ける。実際には、まったくわかってもらえない場合のほうが多いだろう。

汎用性が高いのは——
　　◎ **I know, I know, that's awful, isn't it?**

体験や実感の共有を喜ぶ言葉として、いい意味でも悪い意味でも幅広く使える。前のめり感も十分。

☞「わかる、わかる…！」や「そう、そう！」にも対応。

○ **I know it.**

ちょっと変わったところでは、こんな言い方もある。
　○ **I've been there.**
「私も同じ経験をしたことがある」ということ。
　○ **I'm with you.**

　△ **Tell me about it.**
【テうミー】とtellを思い切り強調すると、「そんなこと重々承知しているよ」といったニュアンスの皮肉な言い方になる。

トリビア

「ベッチャ！」と「ガッチャ！」

「ある、ある！」に近い決まり文句に "Betcha!"【ベッチャ】がある。一説には "You can bet your ass." の略で、直訳すると「あんたのお尻を賭けても大丈夫！」。もとをたどれば中西部ミネソタ州の方言だが、知る人ぞ知るおかしな名画 "Fargo" で "You betcha!" が炸裂し、全米に広がった。ミネソタ周辺では、なぜか "You're welcome." の代わりに使うこともあるらしい。

似た言い方に "Gotcha!" があるが、こちらは "I got you." の略で、「わかった」とか「了解！」の意味。

遺憾です
I'm sorry.
【 アイむ サぅりー 】

後悔しているのか、反省しているのか、同情しているのか、憐れんでいるのか、よくわからない。責任をとる覚悟はあるのか、ないのかも、まったくわからない。じつは英語にも、同じように使える便利なセリフがある。

◎ **I'm sorry.**

「ごめんなさい」と訳されやすいが、かならずしも謝罪しているわけではない。「お気の毒に」とか「残念ね」の意味で使われることも多いのだ。

☞ "I'm sorry, but it's not my fault." という理屈も成り立つわけで、そのあたりも「遺憾です」に似ている。

○ **It's a pity.**
○ **It's regrettable.**
○ **It's too bad.**

どれも「遺憾です」風に使える。

☞ いずれも主語がItである点に注目したい。「私自身」は存在せず、客観的な感想を述べているだけ。"It's too bad, but there is nothing I can do." というのが基本的な姿勢なのである。

主語がIの場合はどうか——

× **I apologize.**

× **Forgive me.**

明確な謝罪になってしまうから、要注意。

× **I deeply regret that.**

明確な後悔を示すことになるから、要注意。

× **That's my fault.**

自らの失敗を明確に認めることになるから、要注意。

☞ 謝罪をしたりみずからの非を認めたりするとそれなりの責任をとらなければならないから、アメリカ人はこれらのセリフをめったに口にしない。

仕事の世界でも、コトが重大であればあるほど明確な謝罪を避ける傾向が強い。

アメリカ人の言い分

日本人だって謝らない

たしかに日本人は、すぐ「すみません」って言います。素直に謝（あやま）っているように聞こえます。でも、あれ、謝ってないよね。ほんとうに悪かったなんて思っていないでしょ。とりあえず謝っとこうって感じでしょ。罪悪感（ざいあくかん）があるとしても、せいぜい "Excuse me." 程度じゃないですか？
その証拠に、責任をとろうとしない人がとても多いです。土下座（どげざ）をしたり、泣いたり、頭を丸めたりするだけで許してもらえるというのも不可解な話です。

いたしません
I shall not.
【アイシャうナァと】

人気テレビドラマのヒロインの決めゼリフ。礼儀正しい言葉で上司の命令をきっぱり拒絶する傲慢さが新鮮だった。

△ I'm afraid I can't do that.

△ I'm sorry, but that's impossible.

礼儀正しいが、傲慢ではない。

○ I won't.

○ I will not do that.

「やりません」と言っているだけ。礼儀正しさがない。

× I wouldn't.

「私ならやりません」の意味になってしまう。

☞ wouldが丁寧語になるのは "Would you please wait here?" のように、疑問形で依頼するときだけ。

「いたしません」のニュアンスを英語で伝えるのは案外、むずかしい。通常の会話ではありえないためである。しかし、日本語の「いたしません」だって、通常、上司に向かって言わないのでは？　だとすれば——

◎ I shall not（shan't）.

I shallはI willより強い意志や決意を示すが、通常 "I shall not..." とは言わない。

☞ アメリカ英語でwillではなくshallが使われるのは、一般に"Shall we go?"など相手の意向を尋（たず）ねるときと、"Will you do this for me?"などと聞かれて"Yes, I shall."と答えるときぐらいである。

☞ shall自体が少々、古い単語となりつつある。そのへんも「いたす」「いたさない」に通じるかもしれない。

トリビア

英語における敬語

英語に敬語はない、と言う人がいるが、英語にも丁寧語はある。"Would you tell me…?"や"Could I have…?"といった言い方が代表的だ。無難なのは"Could…?"のほうだろう。たとえば、"Would you please be quiet?"は慇懃無礼（いんぎんぶれい）を通り越して命令や抗議になるが、"Could you please be quiet?"ならOK。英語の敬語もけっこうややこしい。

一方、尊敬語や謙譲語（けんじょうご）となるとごく特殊である。使われるのは相手が王侯貴族や大統領など絶対上位の場合だけ。それも"Your Majesty（陛下）"や"Your Royal Highness（殿下）"などの尊称を添えるのが基本となる。

そもそもアメリカには、相互の力関係や地位の上下で言葉を使い分ける習慣がない。職場の上司に向かって"Yes, sir."などと言ったら、かえって上司は馬鹿にされたと思って怒りだすかも……。sirやma'amはもはやサービス業の接客用語であり、尊称とは言えないのだ。

行ってきます
I'm off.
【アイむオァふ】

行儀のいい日本人は「行ってきます」を言わないと家やオフィスを出られない。ところが、英語には決まった言い方がないから、在外の現地駐在員などは困ってしまう。

　○ **See you later.**
　○ **Bye.**

通常、「またね」とか「じゃあね」と訳されるが、これで「行ってきます」の意味にもなる。

どうしても言い分けたいなら——

　○ **I'm leaving.**
　○ **I'll be leaving now.**

いずれも十分、通じる。ただし、職場限定。

　◎ **I'm off.**
　◎ **I'll be off now.**

これらがいちばん使いやすい。
どこでも使える。

☞ "I'm off to school." なら「学校に行ってきます」。

Jump!

行ってらっしゃい、ただいま、お帰りなさい

英語には「行ってらっしゃい」に対応する決まり文句もない。状況しだいで次のような言葉を使い分ける。

- ○ See you later.
- ○ Take care.
- ○ Be safe!
- ○ Have a nice day.
- ○ Enjoy yourself.

英語には「ただいま」や「お帰りなさい」もない。

- ○ Hello.

実際のところ、どちらもこれでOK。昼でも夜でも使える万能の挨拶なのである。

☞ "Hellooo!"【ヘロオ〜ウ】のように明るく歌いあげると、わが家に帰った喜びを強調できる。

あえて使い分けにこだわるなら、「ただいま」は——

- ◎ I'm home.
- ◎ I'm back.

とくに、愛する妻に再会できてうれしいときなどは、"Hi, honey, I'm hoooome!" と歌いあげる。

☞ 対する「お帰りなさい」も、これに対応して——

- → Welcome home.
- → Hi, honey. Welcome back.

いまでしょ！
Now or never!
【ナウ・オあネヴぁ】

ご存じ、某予備校カリスマ講師の決めゼリフ。
- **When will you do it? Now, right?**
- **How about now?**

いずれも意味は通じる。しかし、直訳的で、なんだかつまらない。
- **Now's your chance.**
- **The time is now.**

それらしくなってきたが、もう少し遊んでみたい。

ぴったりの決まり文句がある。
- ◎ **Now or never!**

"Should I do it now…? Do you really think so? But…," などとうじうじ悩んでいると、きっぱり言われる。いまやらなければ、永遠にできないぞ……、つまり「やるなら、いまでしょ！」。

☞ Elvis Presley のラブソングにも "It's Now or Never" という名曲がある。

♪ It's now or never
　 Come hold me tight
　 Kiss me, my darling
　 Be mine tonight

なかなか情熱的である。

トリビア

お尻の重い人

人を急かす言葉は英語にもいろいろある。ちょっとおもしろいところでは "Vamoose!【ヴァムーす】"。スペイン語のvamos「行こう」が変化した言葉で、西部劇などでは「さっさとずらかろう」の意味で使われる。

牧場のカウボーイたちの間で生まれ、全米に広がったのは、"Hightail it!"。直訳すれば「尻尾を上げろ！」だが、動物が逃げるとき尻尾を立てることから、「走れ！」「逃げろ！」を意味するようになった。"The bus is coming, hightail it!" のように使われる。

ところで、日本ではなかなか行動しようとしない人を「尻が重い」と言う。この言葉に通じる言い方が "Haul ass!" で、「尻を動かせ！」という意味だ。

一方、"Get the lead out!" は "Get the lead out of your pants!" の略で、直訳すれば「ズボンの鉛を落とせ！」。つまり、行動できないのはズボンに重い鉛がついているから、という発想から来ているらしい。

意味わかんない！
Beyond me!
【ビヤ～ンどミー】

そのまま訳せば、こういう言い方になる。
  △ I don't understand that.
  △ I don't get it.
文字どおり「意味がわからない」。しかし実際は、最初から「わかろうとしていない」のでは……？
類語の「意味不明！」や「理解不能！」も同じ。

わかろうともしないまま、相手の意見や要求を不条理と決めつけて腹をたてていることも多い。たとえば──
  ○ What's the idea?
「どういうつもり！」ということ。
  ○ How could you?
「なんでそんなことができるの！」ということ。
  ○ I can't stand it!
「やってられない！」ということ。
☞ この場合のstandは「我慢する」とか「辛抱する」。
  ○ Oh, come on!
時と場合と言い方によりさまざまな意味をもつが、イライラした調子で言えば「やめてよ！」とか「ふざけんな！」、さらに「意味わかんない！」にも対応する。

わかろうとしているか、していないのか、そんなことはどうでもよく、とりあえず「わかんない」と言いたいとき、アメリカ人がよく口走るのは——

◎ **Makes no sense.**
"It makes no sense." の略。
この場合のsenseは「意味」で、make senseなら「意味を成す」「理解できる」。

◎ **Beyond me.**
自分の能力や教養、権限、精神的な許容範囲などを「超えている」ということ。

○ **Got me!**
"You got me!" の略。答えに困ったとき、アメリカ人がよく発する言葉。どちらかと言えば「参った」に近い。

アメリカ人の言い分

なぜわかろうとしない!?

若い女性が「意味わかんない!」のひとことで会話を切りあげようとするのは不可解です。だって「わからない」と言われたら、わかってもらうために説明しますよね。でも、説明なんか聞きたくないみたいなのです。
わからなければ、わかりたいのが自然ではないのでしょうか? 「わかりたい」「理解したい」という気持ちこそが、コミュニケーションの原点だと思うのですが……。

いやいや、お恥ずかしい
Thank you for the compliment.
【 セァンくユー・フォあぜァ**カ**むぷリメンと 】

アメリカ人はほめ上手。家や家族や趣味から、それこそ靴下の柄まで、盛大にほめあげる。ほめられたほうもにっこり笑って、堂々と受けとめればいい。

　　○ **Oh, thank you.**
　　○ **Of course, I'm so proud of my son.**

ところが、シャイで控えめな日本人には、このひとことが言えない。どうしても「やめてくださいよ」とか「お恥ずかしい」と言いたくなってしまうのだ。しかし──

　　× **Oh, no! Don't say that, please.**
　　× **I'm so embarrassed to hear that.**

せっかくほめてあげたのに、なぜこんなことを言われるのか、アメリカ人には理解できない。

せめて「まだまだです」くらいにしておこう。

　　○ **Thank you. But I still have much to learn.**

前向きな姿勢が感じられ、好感度がアップする。

☞「みなさんのおかげです」の方向ではぐらかす手もある。

　　○ **I owe it all to you.**
　　○ **Thank you, but I don't deserve it.**
　　○ **I can't take the credit.**

「私だけの手柄ではありません」という謙虚さが感じられ、やはり好感度が高い。

どうしても「お恥ずかしい」の線でいきたいなら——
- ○ No, not at all.
- ○ You're too kind.

それぞれ「とんでもない」「お上手ですね」ということ。

もう一つ、覚えておくと便利な決まり文句がある。
- ◎ Thank you for the compliment.

「お世辞でもうれしいわ」といったニュアンス。ほめ言葉をお世辞(compliment)と受けとめつつ、しっかり礼を言うところがミソ。傲慢すぎもせず、卑屈でもなく、守備範囲が広い。

アメリカ人の言い分

日本人は恥ずかしがりすぎ

日本には「アメリカ人に羞恥心はない」とか「アメリカ人は謙遜しない」と思いこんでいる人がいるようです。でも、アメリカ人だって恥ずかしく思うことはあるし、謙虚な気持ちになることはあります。当然でしょ。

でも、ほめられて恥ずかしいとは思わない。恥ずかしがったりしたら、ほめた人が困るじゃないですか。

> **うっそーッ！**
> You mean it?
> 【ユーミーぬィと↗】

そのまま訳してしまうと──

- × You're lying!
- × Liar!
- × You liar!

「嘘つき！」と罵倒しているように受け取られる恐れがあるから、要注意。

驚きのあまり「嘘でしょッ！」ともらすのは──

- ○ I can't believe that.

文字どおり「信じられない」という驚きを示す。

- × Unbelievable!

「嘘みたいにすばらしい！」という称賛の言葉になる。

- △ Impossible!
- △ No way!

このあたりの表現はなかなか微妙。基本的には「ありえない」だが、やはり「素晴らしい」と解釈される場合がある。

軽いノリで驚いて見せたいだけなら──

- ◎ You mean it?

この場合のmeanは「本気で言う」といった意味合い。

◎ **Are you sure?**
◎ **No kidding!**
◎ **You're joking!**

いずれも「うっそーッ！」「ほんとッ！」と同じ。

☞ 名詞の kid は「子ども」や「子ヤギ」のことだが、動詞の kid は「ひやかす」とか「だます」の意味になる。

Jump!

怒りを込めた「うっそーッ！」は？

相手の馬鹿話に心底うんざりして「これ以上、つきあっていられない」というときに発する「うっそーッ！」は——

◎ **Oh, come on!**【カ〜マ〜ン】

この場合の "Come on." は「いい加減にしろ」。
似た言い方は数限りなくある。

○ **Forget it!**
○ **Enough!**
○ **Gimme a break!**【ギミアぶぅれイく】
△ **Bullshit!**【ブぅシィッと】

bullshitを直訳すれば「雄牛の糞（ふん）」。けっこうよく使われるが、けっして品のよいセリフではない。

△ **B.S.**【ビーエす】

"Bullshit!" "You're bullshitting me!" の省略形。

遠慮しておきます
I'll have to pass.
【アイうヘァふとペァす】

丁寧なのに、無礼な感じがする断り文句。

 △ I'll refrain from joining you.

 △ I have to decline your invitation.

refrain fromは「控える」とか「自制する」、declineは「丁寧に断る」「辞退する」。いずれも「遠慮する」の訳語にふさわしいが、かなり堅苦しい。

 × I'm so sorry. I must refrain from joining you.

 × I'm afraid I have to decline your invitation.

丁寧すぎて、無礼な感じがまったくない。

☞ refrain fromもdeclineも、それだけで十二分に丁寧な言い方なのである。

こんな変化球もある。

 ○ I wish I could.

"Would you like to join me?" などの誘いを断るときの決まり文句で、「ご一緒できればいいのですが……」といった意味合い。ただし、やはり無礼さが足りない。

親切な申し出や贈り物を断る際に決まり文句としてよく口にされるのは——

○ **No, thank you.**

最低限の礼をわきまえながら、明確に断っている。

☞ 日本語の「ノーサンキュー」には「いらねえよ」的な印象もあるが、英語の場合はとくに失礼ではない。

同じく明確な断り方としては――

△ **I'll pass.**
△ **I'll hold off.**

この場合のpassは「断る」とか「辞退する」、hold offは「避ける」とか「やめておく」。

☞ 一方的な宣言。無礼なだけで、丁寧さがまったく感じられない。

○ **I'm sorry, I'll pass.**
○ **I have to say I'll hold off.**

ある程度の礼儀正しさは維持できる。

「遠慮しておきます」のニュアンスに近いのは――

◎ **I'll have to pass.**

"I'll have to..." のwillの部分がミソ。聞く者に「何か事情があるのね」と思わせる魔法のwillで、なんだかよくわからないながらも、真意をオブラートでくるむような、どこか「……しておきます」に似た効果を生みだせる。

お噂はかねがね…
I've heard a lot about you.
【アイヴフぁど・アラ～ッとアバウとユー】

初対面の挨拶として、丸暗記しておくと便利な決まり文句がいくつかある。たとえば──

　○ **I've been wanting to meet you.**
「ずっとお会いしたいと思っていました」ということ。
☞ 現在完了進行形のI've been...ingは「ずっと……していた」の意味で日常会話でもよく使うから、すぐ口に出るように練習しておくと便利。

　○ **Your face looks familiar.**
挨拶を交わしたことはないけれど「お顔だけは存じあげておりました」ということ。

　○ **Your name is familiar.**
逆に、直接、会ったことはないけれど「お名前だけは存じあげておりました」ということ。

では、お名前だけでなくある程度の個人情報や噂話(うわさばなし)まで存じあげているときはどう言うか──

　× **I've heard some stories about you.**
「あなたの噂はいろいろ聞いている」と言っているだけで、挨拶にはならない。
☞ このような形で使われるstoriesは「よくない噂」を意味する

ことが多い。

　△ I've long known you by your reputation.

決まり文句ではあるが、古くさくて大げさな感じがする。

もっと気軽に口にできるのは——

　◎ I've heard a lot about you.
　◎ I've heard a great deal about you.

相手の自尊心をさりげなくくすぐる効果もある。

📖 トリビア

噂の諺

「噂」に関する諺(ことわざ)は洋の東西を問わずたくさんあり、よく似た意味をもつものも多い。

まず、噂をすれば影——英語には "Speak (Talk) of the devil." がある。後半の "and he is sure to appear." が略されており、「悪魔の噂をすれば、悪魔が現れる」という意味になる。あまり一般的ではないが、悪魔を天使に置き換えた "Talk of an angel and you will hear the fluttering of its wings." 「天使の噂をすれば羽音が聞こえる」もある。

人の噂も七十五日——英語では "People soon forget."。人の口に戸は立てられない——英語では "People will talk."。いずれも、たしかにそういう意味ではあるが、なんだかストレートすぎて身も蓋(ふた)もない。

悪事千里を走る——英語では "Bad news travels fast."。これは、なかなかいい。

おかげさまで
Thanks to you.
【 セァンくすとユー 】

「お世話になっております」と同じく英訳しにくい言葉の一つ。単なる社交辞令のことが多いためである。

- △ Thank you for everything.
- △ You've been a big help.

よく聞くセリフだが、なんの世話にもなっていないのに礼を言ったりすると、アメリカ人は不審に思う。

- △ I'm in your debt.
- △ I owe you one.

いずれも「あなたに借りがある」という意味。「おかげさまで」と似た使い方をされることもあるが、なんの借りもない相手に向かって言うのは、やはりおかしい。

限定つきながら、こんな言い方は可能。

- ◎ Thanks to you.

軽い調子で"Congratulations!"「おめでとう」と祝福されたり、"Good job."「お見事」などとほめられたりしたときに返す言葉。☞ "Thanks."や"Thank you."と違い、自分から先に口にすることはない。"Thanks to you."は完全に「受け」の言葉なのである。そのあたりも「おかげさまで」に似ている。

- ○ Thanks, I'm fine.

"How are you?" に対するこの返事も「おかげさまで」の一種と考えられる。

アメリカ人の言い分

メールに添える挨拶

日本人は「お世話になっております」も連発します。ビジネス・メールの冒頭に入れるのはお約束でしょう？ そのせいか、英語のメールでも "Thank you for your business." などと書く人がいますが、アメリカ人にはピンときません。"Dear Mr. Smith" などの後、すぐ本文をはじめるのが普通です。どうしても何か書きたいなら "I hope this note finds you well." あたり……かな。

一方、メールの文末はかならず「よろしくお願いします」ですね。直訳すれば "Please take care of the matter." などだけど、本気で何かをお願いしているとは思えないことも多い。だとすれば、"Thanks always." や "With thanks." "Best regards." あたりが似ているかもしれません。

最近、アメリカの若い女性の間で流行っているのは "×××" や "×○×○×○"。×は「キス」、○は「ハグ（抱擁）」の意味で、昔からラブレターの末尾に使われてきました。あきれたことに、その特殊な暗号を、いまの若い女性は仕事関係のメールでも平気で使ってしまうようなのです。その結果、メールを受け取った男性が妙な誤解をして恥をかくケースもあるらしい。罪つくりな話です。

お先に失礼します
See you tomorrow.
【 スィーユー・トゥマぅロウ 】

日本人の感覚では、上司や先輩が残業する日に自分だけ先に帰るのは心苦しい。どうしても何か言いわけしたくなるものだが——

× I'm afraid I should say good-by.
× I'm sorry. It's time for me to go.

基本的に訪問先を辞去するときやパーティを先に抜けるときのセリフ。職場で口にするのは、かなり変。

△ I've got to go.
△ I'm leaving.

いずれも席を立つときの決まり文句。ただし、どちらかと言えば「我は帰るゾ」的な宣言となってしまう。

☞ 現実にこんなことを言いながらオフィスを出るアメリカ人はほとんどいない。

△ I have to go.

会議中など、トイレに行くため一時退席するときに。

そもそもアメリカ人には「上司より先にオフィスを出るのは失礼」という概念がない。だから、上司や先輩が残業していても、まるで平気。

◎ See you tomorrow.

◎ **See you next week.**
◎ **Take care.**

言いわけも謝罪も必要ない。あたりまえの挨拶をして、さっさと帰ればよい。

アメリカ人の言い分

つきあい残業

アメリカ人だって、空気を読まないわけじゃありません。互いの立場や仕事の状況に照らして「先に帰るのはまずい」と感じれば、それなりの気配りはします。「悪いけど、後のことはよろしく」くらいのことは言うわけです。"Sorry to ask you to do this, but I have to go." とか "Thank you for covering for me today." とか……。

でも、誰に迷惑をかけるわけでもないのに、いちいち職場の全員に謝ってまわらなければ帰れないなんて、やっぱり変ですよ。

自分の仕事が終わったら、さっさと消えてください。つきあい残業なんて邪魔だし、うっとうしいだけだし、なんだか気持ち悪いです。

お邪魔します
Excuse me.
【エくすキューずミー】

人様の家に上がりこむ、他社のオフィスに足を踏み入れる、そんな瞬間にも日本人は何か言わずにいられない。

 × I'm sorry to interrupt on you.

「お話し中に口をはさんですみません」の意味になる。

 × I'm sorry to intrude on you.

「邪魔をしてすみません」ということ。ほんとうに邪魔をするなら別だが、訪問の挨拶としては、とても変。

 × May I bother you?

質問や頼みごとの前置きである。

言うまでもなく、この場合の「お邪魔します」は「入らせていただきます」といった意味。ただし——

 × I'm sorry to come into your house.

 × Thank you for letting me enter your office.

ここまで卑屈になる必要はないだろう。

 ○ May I come in?

一般的な流れとしては、玄関先で "Hi." "Hello." "How are you?" などの挨拶を交わした後、ホスト側が "Please come in." などと言って導き入れてくれる。そのタイミングを逃さず、ひとこと、ふた

こと添えながらお邪魔する。

　　○ It's a pleasure to be here.
　　○ Thank you for inviting me.

アメリカでは、個人の住宅でも、玄関ホール、リビングルーム、ダイニングルームあたりは準公共スペースと考えられているから、さほど遠慮する必要はない。

ただし、仕事部屋や作業現場に立ち入るとき、会議に遅刻したときなどは、やはりこのひとことを忘れずに。

　　◎ Excuse me.

礼を失する場面で使うのが基本だが、日本語の「お邪魔します」的に使うこともできる。

「お邪魔しました」

訪問先を辞去するときの「お邪魔しました」も、英語にはとくに決まった言葉はないが──

　　○ Goodbye. I had a wonderful time.
　　○ Thanks for having me.

プライベートな訪問では、この類の礼を言う。

ビジネス上の取引先などを辞すときは──

　　◎ Thanks for your time.

これがほぼ決まり文句となっている。

恐れ入ります
I'm chagrined.
【アイむシャぐぅリンど】

「恐縮です」と同じく、本来は恐怖や羞恥心、罪悪感などで「身が縮む思いです」という意味だが――

 × **I'm scared.**

ただ「怖い」ということ。

 × **I shrink.**

恐怖のあまり「縮みあがる」ということ。

☞ いずれも「恐れ入ります」の広がりに欠ける。

「恐れ入ります」は状況に応じてさまざまな意味を含むところがややこしい。

 ○ **I'm afraid.**

恐怖や不安、申しわけなさなどを感じているということ。

実際には、状況別に使い分けるほうが自然だろう。

 ○ **I'm so ashamed.**

「恥じ入りました」と言いたいときに。

 ○ **Thank you very much.**

「かたじけない」や「ありがとう」と言いたいときに。

 ○ **I'm so sorry.**

「申しわけない」と言いたいときに。

◎ I'm chagrined.

「残念だ」「屈辱だ」「恥ずかしい」「悔しい」などの気持ちにさせられたということ。頻繁に使う言葉ではないが、「恐れ入ります」にとても近い。

☞ 発音が特殊なのは、フランス語源のため。

「恐れ入りますが……」と言って、ちょっと面倒な話を切りだすこともある。

○ I'm embarrassed to ask you, ...
○ I hate to ask you, ...

依頼などの前置きになる。

Jump!

「恐れ入りました」は？

「恐れ入ります」と酷似するセリフに「恐れ入りました」がある。「参った」や「降参！」と同様、相手の力量や技術に感心し、敬服したときに言う。

◎ I'm overwhelmed.

「圧倒させられた」ということ。
ほとんど「畏怖」や「畏敬」を感じるほど恐れ入ったときには——

○ I'm in awe.

ちなみに、「神を畏れる」は be in awe of God。

お疲れさま
Good work today.
【グドウォあく・トゥデイ】

仕事や作業の現場から引きあげるとき、または解散するとき、日本語には「お疲れさま」という便利な決まり文句がある。しかし英語には、とくに決まった挨拶がない。

△ **You must be tired.**

「お疲れでしょう」ということ。相手の労をねぎらう意味で口にしてもいいが、挨拶にはならない。

○ **Let's call it a day.**

「そろそろ切りあげよう」とか「今日はこのへんにしておこう」という意味。

☞ あくまでも上司や責任者が言うセリフ。下っ端が言ってはいけない。

「お疲れさま」に当たる英語をあえて探すなら——

◎ **Good work today.**
◎ **Good job today.**

「今日はよく働きました」ということ。

☞ やはり上司から部下、あるいは同等の関係でかけ合う言葉であり、下っ端が口にすることはない。

下っ端が言うなら――

- **Have a good night.**
- **Take it easy.**

要するに、普通の挨拶をすればいい。

トリビア

"Have a nice day." を感じよく言うコツ

アメリカにも形ばかりの挨拶はある。その典型が "Have a nice day." だろう。誕生したのは第二次大戦後だが、1960年代に「スマイルマーク（smiley face）」とともに全米に広がり、若者文化の象徴となった。日本でもカラーフィルムのCMソングで使われたから、ご記憶の方は多いはず。

アメリカの大手ファーストフード・チェーンも、さっそく接客マニュアルに導入した。"How are you today?" などの親しげな挨拶で客を迎え入れ、"Have a nice day." の言葉で感じよく送りだそうとしたのである。ところが仏頂面（ぶっちょうづら）の店員が客の顔も見ず、口先だけで "Have a nice day." を言うものだから、かえって感じが悪く、世間の反発と顰蹙（ひんしゅく）を買ってしまった。

そこで本部が打ちだしたのが、笑顔とアイコンタクトの徹底。そして "You have a nice day." への切り替えだった。なんのことはない、Youのひとことを添えただけ。ところが不思議なもので、"You...," と呼びかけられるとそれだけで親近感を覚えてしまうのも事実なのである。

お手やわらかに
Go easy on me.
【 ゴウイーズィオァンミー 】

勝負に臨(のぞ)み、敵に「手加減してください」とお願いする言葉。場合によっては卑屈(ひくつ)だが、謙虚なようでもあり、なんとも日本的。
しかし、英語にもよく似た言いまわしがある。

　○ **Don't be too hard on me.**
　○ **Don't be too tough on me.**

be hard on と be tough on は、ともに「きつく当たる」とか「ひどい扱いをする」。

アメリカ人がよく口にするのは——
　◎ **Go easy on me.**
この場合の easy は「甘い」「寛大な」の意味で、go easy on は「寛大な態度で臨む」とか「甘く扱う」「大目に見る」といった意味のイディオム。

　◎ **Give me a break.**
さまざまな場面で、さまざまな意味に使われる便利なセリフ。「お手やわらかに」の意味でも使える。
　○ **Give me a chance.**

意外に役立つセリフ集

勝負にかかわる決まり文句

● **Let's play fair.**
勝負ごとの基本中の基本。「正々堂々と戦おう！」ということ。

● **Whoever wins, wins.**
「勝っても負けても恨みっこなし」といった意味合い。
☞「勝てば官軍」と解せないこともない。

● **Let the better man win.**
こちらは「勝つべき者が勝つ」。

● **I give up!** または **You win!**
「降参！」。潔く、明快に言い切ろう。

● **No hard feelings.**
勝者が敗者をいたわる言葉。「気を落とさないで」といったニュアンスになる。

● **You'll have another chance.**
「チャンスはまた来る」ということ。

● **Tomorrow's another day.**
同じく「次があるよ」という意味だが、「明日は明日の風が吹く」と訳されることも。
☞ 映画 "Gone with the Wind（風と共に去りぬ）" の最後の場面で Scarlett O'Hara がつぶやくセリフでもある。

お久しぶり

Long time no see.
【ロ～ングタイむ・ノウスィー】

旧友と久しぶりに再会したときの第一声はたいてい——

- ○ Well, well, ...
- ○ Oh, my, ...

こんな感じ。続いて——

- ○ It's been a long time.
- ○ It's been a while.
- ○ It's been ages.
- ○ I haven't seen you in ages.

いずれも「お久しぶり」の意味である。

☞ この場合のagesはa long time「長い間」の意味。

でも、いちばん簡単で使いやすいのは——

- ◎ Long time no see.

「ずいぶん長いこと、会わなかったね」ということ。

- → Yeah, how have you been?

"How have you been?" は "How are you?" の「お久しぶり」バージョンである。

☞ 旧友と語りあうときは、現在完了形の "have you...?" や "I've..." が何かと便利だから、自動的に口から出るよう練習しておくと役に立つ。たとえば——

○ I've missed you.
○ I've missed seeing you.

「さびしかったわ」とか「会いたかった」。

「お久しぶり」関連でもう一つ覚えておきたいのは——

◎ Time flies.

日本流に言えば「光陰矢のごとし」。

☞「この前、お会いしたのはいつだったかしら……？」「もう、かれこれ３年になるね」といったやりとりの後、いまさらながら驚いたようにつけ加えると感じが出る。

→ Time sure does fly.
→ Sure does.

トリビア

中国系英語か、インディアン英語か

"Long time no see." が文法的にメチャクチャなのは中学生でもわかるとおりだが、その由来については二説ある。一つは中国系の人々が用いた Chinese Pidgin（ピジン英語）で、中国語の「好久不見」を英語に直訳したという説。もう一つは1950年代にテレビ放映された西部劇 "The Lone Ranger" のなかで、主人公の相棒のネイティブアメリカンの青年トントが使った言葉、いわゆる「インディアン、嘘つかない」風の英語だという説である。ピジン英語説が優勢のようだが、トント説も捨てがたい。

固いこと言うなよ
Relax.
【ぅりーレァくす】

頭の固い人物をいさめる言葉。

× **Don't say such a hard thing.**

直訳では、まったく意味がわからない。

☞「頭が固い」にもいくつかのタイプがあるから、まずは症状別のいさめ方を考えてみる。

○ **Don't be so stubborn.**

○ **I think that's too strict.**

「厳格すぎる」とか「頑固だ」といさめている。

○ **Don't take it so seriously.**

生真面目なのはかならずしも悪いことではないが、so serious や too serious はちょっと困る。

○ **No need to be formal.**

あんまり形式ばらず、気楽にいこうよ……。

○ **You're so inflexible.**

○ **Don't be so stiff.**

「融通が利かない」のも困りもの。

どんな「固さ」にも対応できる便利な言葉がある。

◎ **Relax.**

肩の力を抜いて、気を楽にするだけでなく、まわりの人にもやさし

くしようよ……。

○ **Take it easy.**

アメリカ人の言い分

「僕の勝手でしょ」

僕が日本語の名刺を渡すと、多くの日本人がこうおっしゃいます。「なんだ、ジョンさんじゃないですか」。僕はいつもこう答えます。「アメリカではJohnをジャンと発音するんですよ。だからジャンと呼んでください」。たいていの方は、それで納得してくださいます。ところがあるとき、こんな抗議のメールが届きました。

「あれからずっと考えていたのですが、たとえアメリカ流の発音が『ジャン』だとしても、日本語で表記する場合、『ジャン』はやはりおかしいのではないでしょうか。coffeeだって、アメリカでは『カフィ』と発音するけれど、日本語で書くときは『コーヒー』でしょう。だから、Johnも日本語では『ジョン』が正しいと思います」

わけがわかりません。本人が「ジャン」だと言うのに、「正しくない」とおっしゃるのです。自分の名前をどう読んでもらおうと、そんなの本人の勝手でしょ。あんまり固いこと言わないでください。だいいち僕は飲料じゃない。

でも、ひょっとしたらあの方は、ジャニーズ事務所にまで「ジョニーズが正しい」という抗議文を送っていらっしゃるのかも……。

喝ッ！
Shape up!
【シェイぷアッぷ】

本来は仏教の禅宗で修行者を叱咤激励する言葉。「しっかりせい！」とか「気を抜くな！」に当たる。

○ **Be brave!**

○ **Pull yourself together!**

pull oneself togetherは「元気や勇気を取り戻す」。

○ **Cheer up!**

○ **Chin up!**

chinは「アゴ」。つまり「顔を上げろ」ということ。

○ **Come on!**【カマ〜ン】

スポーツの試合中には、応援の言葉になる。

○ **Go for it!**

「目的に向かって突っ走れ！」といったところ。

☞ いずれも「がんばれ！」。叱咤激励の言葉は他にもたくさんあるが、「喝ッ！」の味わいは感じられない。

◎ **Shape up!**

「痩せろ！」ではない。「がんばれ」「襟を正せ」「体調を整えろ」「覚悟を決めろ」などの意味も含んだ激励の言葉である。「心身ともに整えよ」という意味で、「喝ッ！」にいちばん近いのでは？

落ちこんでいる人をなぐさめる言葉

同じ「がんばれ！」でも、心底、落ちこんでいる人に向かって「喝ッ！」は酷だろう。

○ **Don't lose heart.**

○ **Things will get better.**

いずれも、やさしくなぐさめるセリフの定番。

○ **I'm with you.**

○ **My thoughts are with you.**

敬虔（けいけん）なキリスト教徒なら "My prayers are with you."

○ **We'll all pulling for you.**

この場合のpullは「応援する」とか「支援する」の意味。

アメリカ人の言い分

何をがんばればいいの？

日本人は何かというと「がんばってください」と言うので、ガイジンはとまどいます。だって、何をがんばればいいのかわからないことが多いから。訳語としてよく使われるのはhang onやhang tough、hang in thereだけど、どれも「なんとか耐える」とか「もちこたえる」の意味で、すごく苦しいときやつらいときに使います。でも「がんばって」は、とくに苦しんでいないのに言われることが多い。むしろ "Take it easy." に近いのでしょうね。

乾杯！
Cheers!
【チィ～あず】

乾杯の音頭(おんど)はいろいろある。

△ **Let's toast her health.**

△ **A toast to your marriage!**

改まった言い方であり、固い。

☞ 最初のtoastは他動詞、次のtoastは名詞の場合。

× **Let's have a toast.**

「乾杯しよう」と提案する言葉で、音頭にはならない。

○ **Here's to you!**

"This drink here...!" "This moment here...!" などの略で乾杯の音頭の定番。

○ **Here's to victory tomorrow!**

○ **Here's to a happy life!**

この言葉を受け、一同、"Here!" "Here!" と唱和しながらグラスを掲げる。

☞ "Hear!" とつづられることもあるが、それは本来、イギリス議会などで「賛成！」と叫ぶ言葉。

△ **Here's looking at you, kid.**

名画 "Casablanca" の有名なセリフ。日本語訳は「君の瞳に乾杯」。ボギーでもなければなかなか言えない。

☞ 文法的には"Here's to looking at you, kid."が正しいが、まあ、ボギーだから……。

アメリカでもっともポピュラーな乾杯の音頭は──
　◎ **Cheers!**
発音に注意。【チアーズ】ではない。
　○ **Bottoms up!**
　○ **Drink up!**

さすが多民族国家アメリカには、他にも多彩な語源をもつさまざまな「乾杯！」がある。ほんの一例を紹介。
　○ **Skoal!**【すコウう】
語源はスカンジナビア語。
　○ **Prosit!**【ぷぅろウズィと】
ラテン語由来で、ビールで乾杯するときによく使う。
よく似た"Prost!"はドイツ語由来。
　△ **Cheerio!"**【チィぅりオウ】
イギリス流だが、アメリカでは朝食シリアル名としてのほうが通りがいい。
　○ **Salud!**【サールーど】
スペイン語由来。
　△ **Chin-chin!**
日本人的には発音しにくい。イタリア語源と言われるが、中国語の「請請」を直訳したピジン英語とする説もある。

奇遇ですね
Fancy meeting you here!
【 フェァ～ンスィ・ミーティンぐユー・ヒあ 】

思いがけない相手と、思いがけない場所で遭遇したときの決まり文句。

　　△ **It's a small world.**

「世界は狭いね」という意味の決まり文句だが、いまとなっては古くさい。

　　◎ **Fancy meeting you here!**

この場合のfancyは「空想する」という意味の動詞。
☞ "Fancy that!" なら「考えてみて」「想像できる？」。

　　◎ **Imagine meeting you here!**

　　○ **What a surprise to see you here!**
　　○ **It's great to see you here.**

いずれも、直訳すれば「こんなところでお会いできるなんて素晴らしい！」だが、かならずしも好ましい遭遇でなくても使える。
☞ まずいところでまずい相手に出くわしたときに言われたら冷や汗が出そうだが、まずは焦らず、平然と——

　　→ **You, too.**
　　→ **Nice to see you.**

山田さんじゃありませんか!

意外な場所で意外な人に遭遇したときに――

◎ Aren't you Mr. Yamada?

山田さんだとわかっていても、思わず「山田さんじゃないですか?」と問うてしまうのは英語でも同じ。

◎ Oh, it's Mr. Yamada, isn't it?
◎ Isn't it Mr. Yamada?
◎ Well, well, if it isn't Mr. Yamada?

一方、おそらく山田さんのはずだが、万が一でも間違えたら失礼に当たると思われるときは――

○ Excuse me, but aren't you Mr. Yamada?

酷似した言い方だが――

× Excuse me, but are you Mr. Yamada?

こちらは初対面で、相手が山田さんなのか否かほんとうにわからないときに「山田さんですか?」と尋ねる言葉。

☞ 待ち合わせ場所でも、パーティなどでも使える。

→ Yes, that's me.
→ No, I'm not Yamada.

来た〜ッ！
Yes!
【ぃエすッ】

待ち望んでいたモノやヒト、出来事、感覚などがいよいよ「やって来たッ！」とか「実現しそうッ！」という瞬間に発する言葉。

△ **It came!**
△ **Here it comes!**

「来た」にこだわると、こうなる。

☞ たしかに「来た」ことは伝わるが、感動も興奮も浅い。「来たよ」「あ、来たね」程度の感じ。

「来た」から離れ、歓喜の叫びに徹するほうがいい。

○ **Yahoo!**【ヤフー】
○ **Got it!**
○ **All right!**

なかでもいちばんはまりそうなのは——

◎ **Yes!**

ガッツポーズとともに短く言い切る。

☞ バスケットボールの試合の山場でスター選手が華麗なダンクシュートを決めた瞬間などに、ファンがかならず叫ぶ言葉。

意外に役立つ セリフ集

喜びの言葉

● **Yay!**【ぃエイ】

うれしいとき全般に。

● **Ha!**【ハ】または **Ah!**【ア】

ちょっとした喜びに。

☞「ほお」とか「へえ」の感じで使える。ワントーン高めの声で、うれしそうに言うといい。

● **Got'ya!**【ガッチャ】

ゲームで勝ったときや、探していた人を見つけたときに。

☞ "I got you." の省略形で、状況に応じてさまざまな意味になる（169、178ページ参照）。

☞ Gotcha とも書く。

● **I did it!**【アイ・ディどイと】または **We did it!**

目的を達成したとき、成功したときなどに。

☞ 発音注意。I や We を強調すると、「私がやった」「私たちがやった」の意味になる。

☞ "I made it!" "We made it!" とも言う。

ご遠慮なく
Don't hold back.
【ドンとホウどベァく】

日本語の「ご遠慮なく」はさまざまな場面に使えるが、英語では目的や意図に応じて使い分けることが多い。
たとえば「遠慮なく召しあがれ」は——

　○ **Please help yourself.**

遠慮のない率直な意見を聞きたいなら——

　○ **Feel free to say anything.**

　○ **Don't hesitate to give your opinion.**

遠慮しないでくつろいでほしいときは——

　○ **Please make yourself at home.**

より幅広く、しかも気楽に使える便利な言葉がある。

　◎ **Don't hold back.**

hold backは「ためらう」「遠慮する」だから、文字どおり「遠慮するな」ということ。

　◎ **Don't be shy.**

shyは「内気な」とか「ひっこみ思案の」。

☞ ただし相手のほうから "Can I join you?" "May I sit down?" などと聞かれたときには使えない。

その場合は、こんなふうに答える。

　○ **Please do.**

154

○ **By all means do!**
○ **Go ahead.**

いずれも「どうぞご遠慮なく」の意味になる。

Jump!

「ご遠慮なく」と言われたらどう答える？

いちばん簡単かつカジュアルなのは――

◎ **Thank you.**

礼儀正しく「お言葉に甘えて」と言いたいときは――

○ **I'll take you at your word.**
○ **If you say so.**
○ **If you don't mind.**

ちょっともったいぶってみたいなら――

○ **If you insist.**

「どうしても、とおっしゃるなら」というニュアンス。

一方、先方の好意を拒絶するときは――

○ **I wouldn't dare.**

「そうはいきません」ということ。

☞ dareは「図々しくも……する」。

○ **I appreciate the thought.**

「お気持ちだけいただいておきます」ということ。

これって、あり？
Is this conceivable?
【 イズゼィす・カン**スィ**ーヴァぼう↗ 】

「こんなこと、ありうる？」のニュアンスで言うなら——
   ◎ **Is this possible?**
「こんなこと、考えられる？」のニュアンスなら——
   ◎ **Is this conceivable?**
conceiveは「思いつく」「想像する」、したがってconceivableは「想像できる」とか「考えられる」。

「こんなこと、許せる？」、つまり「あなたはこれでいいの？」と言いたいときは——
   ◎ **Is this OK?**
OKの基準となるのは、通常、個人的な考え方や感情や都合。
   ○ **Is this OK with you?**
   ○ **Do you think this is OK?**
一方、より広く社会に受け入れられるか否かを問いたいときは——
   ◎ **Is this acceptable?**
「こんなこと、通用する？」といった意味合いになる。

   → **Of course, yes.**
   → **No, it isn't.**

Part 2

Jump!

仕事の場での「これって、あり?」

会社の会議や取引先との交渉で企画案などを提出し、「いかがでしょうか?」と尋ねるときは――

○ Will this pass?
○ Will this fly?
○ Will this go?

返事が "It's a breeze." や "Piece of cake." なら楽勝。"That's an option." や "That has a chance." なら「見込みあり」。しかし "That will never fly." "When pigs fly." などと言われたら、あきらめるしかない。

☞「まあまあ」は "So-so." がいちばん簡単。ちょっと気取ったところでは "Comme ci, comme ça?"【カーむスィ・カーむサ】がある。「よくも悪くもない」ということ。フランス語源だが、ごく一般的な英語として普及している。

トリビア

英語版「いいね!」のサイン

フェイスブックの「いいね!」でおなじみの親指を立てるサインが thumbs up。「OK」「賛成」などを意味し、英語のフェイスブックでは "Like!" と表示される。逆に親指を下げるのが thumbs down で「ダメ」や「反対」の意味。"Thumbs up!" "Thumbs down!" と口にしてもいいし、もちろんサインだけでも通じる。

大丈夫ですか？
How're you doing?
【 ハウあユードゥインぐ 】

本来は、具合の悪そうな人や困った様子の人にかける言葉だったはず。

- ○ Are you all right?
- ○ Are you OK?

大丈夫なら「大丈夫」と答えればよい。

→ Thank you, I'm fine.

ところが、最近よく耳にする「大丈夫ですか？」は違う。何が大丈夫なのか、問われて困惑することもある。

たとえば、飲食店などで聞かれる「大丈夫ですか？」。

- ○ Is this everything?
- ○ Can I get you anything else?
- ○ All set?

「ご注文は以上でよろしいですか？」の意味らしい。

具体的に「お水で大丈夫ですか？」と聞かれることもある。

- ○ Is water OK?
- ○ Are you fine with water?

「お水でよろしかったですか？」などはさらに不可解だが、同じ意味と思われる。

☞ 食事の途中、「お料理はいかがですか？」の意味で聞くのな

ら、英語ではこう言う。

- ○ Is everything OK?
- ○ How's everything here?

覚えておくと、いろいろに使えて便利なのは――

- ◎ How're you doing?

基本的には"How are you?"と同じだが、状況によって「これでいいですか？」「お料理はいかがですか？」「何か必要なものはありませんか？」など、まさに「大丈夫ですか？」に似た汎用性がある。

アメリカ人の言い分

ガイジン泣かせの「結構です」

日本人はよく「結構です」と言うけれど、これ、けっこう困りますよ。

たとえば「これでいいですか？」と聞いたときに「結構です」と答えるなら「あ、これでいいのね」とわかりますが、「コーヒーをもう1杯いかがですか？」と聞いたときに「結構です」と答える人がいる。"Yes, please."なのか、"No, thank you."なのかわかりません。もう少しはっきりしてください。

もっとも、英語にも"I'm OK."というまぎらわしい言い方があって、「結構です」によく似てるけど。

…っていうか
...or something like that.
【オあ・**サ**むせィンぐライくゼァッと】

自分の行動や発言がよけいな波風をたてないようにするために張る予防線。

◎ **I prefer this...or something like that.**

いったんは「私はこれがいい」と断言しかけながら、周囲の反応を見て「まずい」と感じたようなとき、「…っていうか、まあ、そんな感じ」と逃げ道を確保しつつ、できれば話題転換を図ろうとする、そんな感じのセリフ。

じつは、アメリカの若者の間でもそんな感じのあいまいなフレーズが普及している。

◎ **I'm a Yankees fan...sort of.**

「僕はヤンキーズのファン…」と言いかけてから、目の前の相手がボストン出身のレッドソックスファンであることを思いだし、逃げを打とうとしている。

◎ **I'm a Red Sox fan...kind of.**

逆に相手がニューヨーク出身だった場合。

☞ つまり ...sort of も ...kind of も同じように使える。

アメリカ人の言い分

肯定の一言居士

「一言居士(いちげんこじ)」という日本語を覚えました。何につけてもひとこと自分の意見を言わないと気がすまない人のことですね。どちらかと言えば偉そうな意見や否定的な意見が多いようだから、ま、「ちょっと面倒な人」と言えないこともありません。

もちろん、アメリカにもそういう人はたくさんいます。"He always has something to say about anything and everything." とか "She has an opinion about everything." なんて言われますね。

一方、日本には何を言っても「そうです、そうです」と言う人もいますね。その人の意見を否定しても「そうです、そうです」、反論しても「そうです、そうです」、さっきとは正反対のことを言っても「そうです、そうです」。そういう人に会うと、アメリカ人は混乱します。「そうです」は "Yes." の意味でしょ。あいまいじゃなく、明確に肯定しているのではないのですか？

あれも一種の一言居士なのでしょうか。それとも、ただの yes-man？

ですよね〜
I hear you.
【アイヒ〜あユー】

「そうですよね」の略語として、すっかり定着。

　○ **I agree.**
　○ **You're right.**
　○ **Sure.**

相手の発言や意見に対して肯定、同意、共感などを示す言葉だから、いずれも十分に通用する。

☞ ただし、「ですよね〜」ならではの気楽さや軽薄さのようなものが消えてしまう。

　△ **Absolutely.**

「絶対にそうだよ」ということ。断定的すぎる。

　× **Certainly.**

「おっしゃるとおり」。へりくだった感が強すぎる。

肯定や同意の言葉は他にもたくさんあるが、「ですよね〜」のニュアンスに近いのは——

　◎ **I hear you.**

基本的には「聞いているよ」だが、表情や言い方しだいで「わかる、わかる」とか「そうなんだよね〜」という気持ちを込められる。

Jump!

「アッハー」「んフ？」以外の相づち①

日本人好みの相づちと言えば "Ah-hah."【アッハー】と "Uh-huh?"【んフ↗】が定番だが、他にもたくさんある。

- **Yes.**

「はい」とか「ええ」に相当する相づちとしても使える。

- **Yeah.**【ヤー】
- **Yup.**【ヤッぷ】

いずれも "Yes." のカジュアル形。「うん」に近い。

- **I see.**
- **Got it.**
- **That makes sense.**

「なるほど」に相当。

- **Sure.**
- **Right.**

「そうだね」に相当。

- **Of course.**【アヴコァあす】

「もちろん」に相当。

- **Good!**
- **Too bad!**

「よかったね」と「残念だね」。

☞ 最低でもこの程度のバリエーションは必要。

「アッハー」「んフ？」しか言わないため、'Ms. Ah-hah' という不名誉なニックネームを頂戴した女性もいた。

どうぞ、お先に
Go ahead.
【 ゴゥアヘッド 】

先を譲(ゆず)るときの、もっとも一般的な言い方。

◎ **Go ahead.**

ドアの前や乗りものの乗降口で他の人と鉢合(はちあ)わせしたときにも、誰かと同時に話しはじめてしまったときにも使える。

◎ **After you.**

男性が女性に先を譲る場合は、ドアを押さえて待ったりすると、より紳士的なふるまいとなる。

荷物を抱えた人やベビーカーを押している女性を先に通すため、積極的にドアを開けてあげるときは——

○ **I'll get the door.**

逆に、先を譲ってもらったときは——

→ **Oh, thank you.**

→ **That's very kind of you.**

礼を言うときは、にっこり笑うとより効果的。

☞ 自分が荷物を抱えていたり、ベビーカーを押しているときは "Could you get the door, please?" と頼めばいい。

アメリカ人は総じて親切だから、快く助けてくれる。

Jump!

公共の場で使える言い方

「この席、空いてますか?」
> **Is this seat taken?**
> **Is anyone sitting here?**

「そこ、私の席なんですけれど…」
> **I think that's my seat.**
> **Excuse me, but I think you're sitting in my seat.**

「相席してもいいですか?」
> **May I share this table?**

「ちょっと詰めていただけませんか?」
> **Could you slide over, please?**

「どうぞ(お座りください)」(バスなどで席を譲る言葉)
> **Please have a seat.**
> **Please set down.**

「写真を撮ってもいいですか?」
> **May I take your picture?**
> **May I take a picture here?**

「シャッター押していただけますか?」
> **Could you take our picture?**

「すみません、通してください」
> **Excuse me.**
> **Excuse us.**

どやッ！
Voila!
【ヴワ～ラ】

自慢したいとき、得意気にふるまいたいとき、注目を浴びたい瞬間……、思わず口をついて出る。

- ○ **Look at me!**
- ○ **Look at this!**
- ○ **Here!**

いずれも「ほら、見て」とか「これ、どう？」といった意味合いで幅広く使える。

- ○ **Whaddaya think?**

"What do you think?" がなまった言い方。

もう少し派手に、もったいぶって披露したいときは——

- ◎ **Voila!**

語源は「そこを見ろ」という意味のフランス語だが、フランス語をまったく知らないアメリカ人も平気で使う。

- ◎ **Voila, my new dress!**

自慢の作品や蒐集物(しゅうしゅうぶつ)を仰々しく披露するときにぴったり。

☞ 原則として、両手を大きく広げて披露できるサイズのものについて言う。

- ○ **Ta-da!**【タ・ダァー】

これも派手でいいが、どちらかと言えば「どや！」よりは「ジャ・ジャ・ジャーン！」や「パンパカパーン！」に近いかも……。やはり両手を大きく広げて陽気に決めたい。

Jump!

「どや顔」はなんと言う？

「どやッ！」と言わんばかりの「得意顔」や「したり顔」を「どや顔」と呼ぶが、英語では──

◎ **He has a smug face.**

もっとも一般的な英訳。

☞ smugは「満足気な」とか「うぬぼれた」「独善的な」で、smug faceは「得意そうな顔」という決まり文句。

○ **He has a smug air.**

この場合のairは「雰囲気」のこと。

○ **There is smug look on her face.**

露骨な得意顔に対する批判的な匂いも、若干……。

△ **He looks triumphant.**

triumphantは「勝ち誇ったような」。かな～り偉そうな態度をイメージさせる。

☞ 似た言葉としてsatisfiedもあるが──

○ **He has a satisfied look.**

この場合は単に「満足した様子」と解釈されるためか、不思議と印象は悪くない。

…なんちゃって

…NOT.
【ナァと】

おどけた口調で、前言をさりげなく打ち消す言葉。
- ○ **Only joking.**
- ○ **Just kidding.**

人を驚かせる話や気をひくようなセリフを口にした後、すぐ後悔し、あわてて打ち消したいときなどに。

☞「…っていうか」（160ページ）に似ているが、こちらは「ほんの冗談でした」とばかり、おちゃらけてみせるところがミソ。

- ○ **Wanna go out for dinner? Just kidding.**

「夕食でもどう……？　な〜んちゃって」。要するに、デートに誘ってみたものの、彼女の反応が芳しくないため、冗談ですまそうとしている、ちょっとイタい例。

夢や願望を込めた「…なんちゃって」もある。
- ○ **I'll win an Oscar someday...in my dreams.**

「僕はいつかオスカー俳優になる……、なんちゃってね」
☞ 冗談にまぎらわせて本心を語っていたりする。
- × **You can win a gold medal...in your dreams.**

「君なら金メダルを取れるよ……、なんちゃってね」。これでは嫌味でしかない。

最初から相手をひっかけようとして冗談やほら話をすることもある。そんなときは——
- **Gotcha!**
- **You believed me!**
- **Fooled you!**

「やーい、ひっかかった！」。無邪気に喜びたい。

最後に皮肉を込めた「…なんちゃって」。アメリカで1990年代初期に流行した"NOT"である。
◎ **He's a really handsome guy...NOT."**
「彼ってすごいイケメンなの……、な〜んちゃってね」

☞ アメリカで大ヒットしたコメディ映画"Wayne's World"(1992年)のセリフ"What a totally amazing, excellent discovery...NOT!"「なんとなんと、驚くべき、素晴らしい発見だろうか……なんちゃって！」）から。

Jump!

「なんちゃって制服」は？
「なんちゃって」は「偽物の」「マネした」の意味で形容詞的に使われることも多い。
◎ **She is wearing a fake school uniform.**
「彼女はなんちゃって制服を着ている」ということ。
◎ **He is my pretend lover.**
「彼はなんちゃって恋人よ」という意味。

ねえねえ、知ってる？
Guess what?
【 ゲすほワッと 】

ホットな話題を切りだすときの前置き。

- Hey, did you hear?
- Have you heard the latest about him?
- Listen to this!

いずれも直訳風だが、使える。

アメリカ人がよく口にするのは——

- ◎ Guess what?
- ◎ Know what?

はじめて聞いた人には何がなんだかわからないだろう。じつは "Guess what I just learned." や "Guess what just happened." "Do you know what I've heard?" などの省略形。

- Wanna hear something?
- Have I got something to tell!

こうなると、もう話したくてたまらない感じ。

☞ せっかくだから、聞いてあげよう。

- → What?
- → I don't know. What?
- → Tell me.

秘密の打ち明け話をするときは

「ねえねえ、知ってる？」に続いて「ここだけの話」をはじめるときの前置きは――

- ◎ **This is between us.**
- ◎ **Just between you and me.**

「私たちの間だけの話よ」ということ。

- ◎ **Keep this to yourself.**

「キミだけの胸にしまっておいてほしい」ということ。

- ◎ **Don't tell a soul.**

「誰にも言うな」ということ。

☞ この場合のsoulはliving soulの略で「人間」のこと。ただし、ほとんどこの形でしか使われない。

聞いてあげるときは――

- → **I won't tell a living soul about this.**
- → **I can keep a secret.**
- → **You can trust me.**

いずれも「私は口が堅いから大丈夫」。

倍返しだ！
Take double the payback!
【テイくダボう・ざペイベァ〜く】

大ヒットしたテレビドラマの主人公の決めゼリフだが、まずは一般的な「お返し」から考えてみよう。

〇 **Here's your change, two hundred yen.**
「200円のお返しです」——つまり「おつり」の場合。

△ **This is something in return.**
「ほんのお返しです」——日本人はつい言いたくなる。
アメリカでも援助や好意に対し return favor「お礼の品」を贈ることはある。しかし gift に対して return gift「お返しの品」を贈るという発想は、アメリカ人にはない。

〇 **Thanks a lot. I owe you one.**
「恩に着るよ」とか「一つ借りておく」的な意味合い。

「仕返ししてやる」の場合はどうか。

〇 **I got my revenge on him.**
「倍返しだ！」は、「仕返し」を倍にしてやるということだろう。だとすれば——

△ **I'll get double revenge on him!**
意味としてはわかるが、あまり言わない。

〇 **I'll pay you back!**
〇 **You'll take the payback!**

paybackは「返金」、転じて「仕返し」や「報復」。
これを2倍にすると――

◎ **I'll pay you back double!**
◎ **You'll take double the payback!**

take double the paybackは「倍返し」の意味で、Wall Street Journal紙の記事の見出しにもなった。

☞ 「3倍返し」なら "You'll take triple the payback!"。

◎ **I'll get you back twice over.**

☞ ちなみに、「やられたらやり返す」は "An eye for an eye!"。つまり「目には目を」。

アメリカ人の言い分

イーヴンでいいんじゃない？

日本のプロ野球には「引き分け」がありますね。最初は驚きました。でも、考えてみればいいことだよね。win-winとまではいかないものの、どっちもさほど悔しい思いをせずにすむ。さすが「まあまあ」の国だと思いました。

それでいいじゃないですか。「倍返し」だなんて野蛮な考えはよくありません。英語の「仕返ししてやる」にも "I'll get even with you!" という言い方があります。イーヴンで十分じゃない……？　と思っていたら、なんと "I don't just get even, I get double even!" なる言い方もありました。evenのdoubleなんて本来ありえないんだけど、「倍返し」のことみたいです。

> # 入ってます
> ## I'm in here.
> 【アイむインヒあ】

トントンとドアを叩く音。相手の顔は見えない。そんなときは——

　○ **Who is it?** 【ふーイずぃと】

これが、ノックに応えるときの決まり文句である。

　× **Who are you?**

警察の不審尋問のよう。

☞「どなた？」と問われたときは、通常 "It's me."「僕だよ」、"It's Kei."「ケイです」などと答える。

ただし、トイレの個室を使用中、「トントン」とノックされたときは違う。焦ったあまり、日本語で「入ってます」と答えてしまった人さえいる。意外に切実な実践英会話。

　○ **Yes.**

中に人がいることは確実に伝わる。

　△ **Wait a minute.**

「ちょっと待って」と言いたい気持ちはわかるが、普通は言わない。

　○ **I'll be out in a minute.**

　○ **I'll be right out.**

いずれも「すぐ出ます」。

もっとも一般的なのは——

　◎ **I'm in here.**

「入ってます」と言いたいわけだから、in を強調する。

○ **I'm here.**
× **I'm in.**

「入ってます」なのだから "I'm in." でもよさそうなものだが、ダメ。言わない。

かならず役立つセリフ集

さまざまな「はい」

● **Yes.**

オールマイティの「はい」。

☞ 遠くから呼ばれたときは、大きな声で【ぃエ〜ッす】。隣の人に声をかけられたときは、「なあに？」と聞き返す気持ちで【ぃエす↗】。授業中、出席をとるときは、はっきりと【ぃエすッ】。

● **Speaking.**

自分宛てにかかってきた電話を受けて「はい、私です」と言うときに。

● **That's me.**

悪事やいたずらがバレて "Who did this?" と詰問されたとき、「私がやりました」と告白する言葉。"That was me." または "I did." でもよい。

● **I'm coming.**

"Dinner is ready." などと呼ばれて「いま行きます」【アイむカ〜ミンぐ】と歌うように発するとよい。

万歳！
Hurray!
【フーぅれィ】

勝利や成功を祝う歓喜の叫び声。

- **Congrats!**

"Congratulations!" の略。つまり「おめでとう！」。

- **Well done!**
- **Good job!**
- **All right!**

「よくやった！」「よし、いいゾッ！」に近い。

より「万歳」気分に近いのは、日本でも運動会でおなじみの「フレーッ！　フレーッ！」かもしれない。

- ◎ **Hurray!**
- ◎ **Hurray for you!**

応援や激励だけでなく、勝利や成功を祝福する言葉にもなる。

☞ Hooray! とも書く。

- ◎ **Hurrah!** 【フーぅらー】
- ◎ **Yay!** 【ぃエィ】

アメリカ人の言い分

応援団は試合を見ているの？

日本でスポーツの試合、とくにプロ野球の試合を観戦すると、いつも混乱します。巨大な旗を振りまわし、大きな太鼓を叩き、大声を張りあげて観客を煽りつづける私設応援団の方々……、試合は見ているのでしょうか。

アメリカの野球は静かです。応援団もチアリーダーもいませんから。ときどき球場のオルガン演奏はあります。電光掲示板の"Noise!"のサインに合わせて観客が騒ぐこともあるし、ウェーブが起こることもあります。もちろんファインプレイには拍手をするし、ボーンヘッドには"Boo!"します。7回表と裏の間にはseventh-inning stretchがあり、観客全員が立ちあがってお決まりの"Take Me Out to the Ball Game"を歌います。

でも、1点を争う好試合の山場で太鼓を打ち鳴らすなんて考えられません。5万の大観衆が息をひそめて、次の一球を待つ。その緊張感こそが野球の醍醐味なんじゃないですか？

日本とアメリカでは「応援」の意味も違うのかなあ。ひょっとしたら「野球」の意味も？

ひょっとして…
Don't tell me!
【ドンとテゥミー】

話を途中まで聞いただけでピンときたとき、「それって、ひょっとしたら…！」などと言って、その先を言わせないことがある。

- ○ **Stop right there!**
- ○ **Hold it!**
- ○ **Never!**

「しまいまで言うな！」「そこまで！」ということ。

- ○ **I get it!**
- ○ **I gotcha!**

「わかったぞ！」「お見通しだ！」ということ。

アメリカ人がよく言うのは——

- ◎ **Don't tell me!**

言外に「ふざけるな！」といった非難の気持ちが込められていることも多い。

- ○ **Don't tell me you don't remember your promise!**

「まさか約束を忘れたなんて言うんじゃないでしょうね」ということ。怒っているのはあきらか。

ただし、ときにはこんな場面でも——

- ○ **Don't tell me you're getting married!**

「まさか、結婚するなんて言わないでしょ！」。この場合は、むしろ

祝福の気持ちが込められている。

せっかくの自慢話や告白を"Don't tell me!"で遮(さえぎ)られてしまったほうはどう応じればいいのか——

→ **You know?**

「わかっちゃった？」と、潔(いさぎよ)く敗北を認める。

→ **Let me tell you about it.**

「ちゃんと説明させてよ」と食い下がる。

トリビア

不可解な相づち

英語の相づちのなかにはどうにも納得しかねる不可解なものも多い。"Tell me about it!"もその一つ。"Don't tell me!"とは逆に、「教えて、教えて！」とせがんでいるかのようなのに、意図するところは「わかってるよ」。そのココロは……"You don't tell me about it."の省略形だからである。"Tell me."だけなら、普通に「教えて」なので、よけいにまぎらわしい。

"You hear me?"も不可解で、まぎらわしい。なぜか"I hear you."と同じく、「そうだよね」「うん、うん、わかるよ」など同意や共感を示す言い方なのである。

べつに…
Just because.
【ジャすとビカウず】

「なんで？」「どうして？」としつこく攻められると、つい「べつに…」「なんででも！」と流したくなる。

△ **Nothing special.**

△ **Nothing in particular.**

「べつに…」の英訳としては定番だが、使用場面は限られる。原則 "Do you have anything to do tomorrow?" や "Do you want anything?" など "Yes" か "No" かを問われたときに。

☞ たとえば "Why...?" 系の質問に対しては使えない。

"Why...?" と聞かれて、「べつに理由はありません」と答えたいときは——

○ **There is no special reason.**

率直で誠実な答え方である。

「べつに…」ならではの無感心さや無責任さ、あるいは倦怠感(けんたいかん)、いらだちのようなものを出したいなら——

◎ **Just because.**

「とにかく、そうなの」「理由なんてどうでもいいだろ」といった感じが出る。

☞ "Why?" "Why?" を連発する幼児を黙らせるために、親が高

圧的に使うこともある。

○ **Just because I said so.**

オレが言うんだから、そうなんだよ……。怪しい。

○ **Just because I love you.**

愛しているに決まってるじゃないか……。もっと怪しい。

意外に役立つセリフ集

あいまいな答え方

● **Just for a change.**

なんとなく…。理由や目的を聞かれたときの「気分転換したかっただけ」とか「いつもと違うことをしてみたかっただけ」。

● **Just in case.**

念のため…。目的や意図、理由を聞かれたけれど、自分でもよくわからないときに。

☞ in caseは「万一の場合に備えて」という意味のイディオムで、日常会話ではよく使われる。"Just in case it rains."なら「雨に備えて」。

● **That depends.**

「さあ…」に近い。"That depends on..." つまり「…による」の省略形で、「なんとも言えない」「一概には言えない」ということ。省略部分は on the weather だったり on the situation だったりする。

☞ "Depends on what?" と突っこまれるかも。

まあまあよ
Well, so-so.
【 ウェ～う・ソウソウ 】

"How are you?" "How's it going?" など、体調や気分を聞かれたときのために、覚えておくととても便利。

◎ **Well, so-so.**

本来は「よくもなく、悪くもなく」だが、アメリカ人は「かなり悪い」ときもこんなふうに答えることが多い。

◎ **Well, not too bad.**

◎ **OK, I guess.**

いずれも「まあまあ」の意味で幅広く使える。
日本人のなかには、いつも判で捺したように "I'm fine, thank you." と答える人がいるが、たまには変化をつけてみてもいい。

"How're things?" "How's life?" などと、仕事の状況や日常生活について聞かれたときは——

○ **Like always.**

○ **About the same.**

「あいかわらず」ということ。

ややこしいようだが、"What's new?" "What's up?" など What で始まる質問に対しては well も so-so も使えない。いずれも「おもしろいニュースはない？」とか「最近、どんなことがあった？」の

意味だが——

- **Not much.**
- **Nothing special.**

答えはいずれも「べつに…」とか「とくに、ない」。

アメリカ人の言い分

たとえ最悪でも……

"How are you?" と聞かれたとき、日本人は「かなりよい」ときでも「まあまあよ」とか「ぼちぼちですわ」と言いますね。で、「最悪！」なんて言うから心配してあげたのに、ほんとうは「まあまあ」くらいだったりする。そのあたりのメンタリティは、アメリカ人とずいぶん違うように感じます。

アメリカ人は、めったに「たいへん」とか「つらい」とは言いません。たとえ最悪でも "Terrible!" なんて答えたら、聞いたほうが困っちゃうからね。

とうてい順調とは言えないとき、アメリカ人がよく口にする決まり文句は "I'm hanging in there."。「なんとかやってるよ」といったニュアンスです。hangの基本的な意味は「ぶら下がる」だけれど、この場合は「踏みとどまる」「食い下がる」「耐える」。"Hang in there!" なら「がんばれ！」「負けるな！」という励ましの言葉になります。

前にお会いしていますか?
Have we met?
【 ヘァヴウィメッと ↗ 】

パーティや路上で、突然、見知らぬ相手から親しげに声をかけられ、とまどうことがある。とくにアメリカ人は、初対面でも人なつっこく話しかけてくるから、どう対応すべきかわからない。

- ◎ Have we met?
- ○ Have I met you before?

確認すること自体は失礼ではない。相手の正体がわからないまま無理に話を合わせるよりは、率直に確認するほうが無難。

- △ Do I know you?
- △ Do you know me?

かなりストレートな聞き方。
カジュアルな場面でなら使えないこともないが、「あんた、誰だっけ?」的な無礼さは否めない。

"Yes."、つまり「はい、お会いしてますよ」と言われても焦る必要はない。悪びれずきっちりと非礼を詫び、あらためて再会の挨拶を交わす。

- → Oh, I'm sorry. Good to see you again.
- → I'm sorry, I've forgotten your name.

Jump!

あらためて聞きにくい質問

相手は自分のことをよく覚えているのに、いまさら「あなたはどなたですか？」などと聞くのはバツが悪い。それでも、やはり聞くべきことは聞いておかないと……。

△ **What's your name again?**

◎ **Sorry, may I have your name again?**

お名前をもう一度、お願いできますか？――こういうことは、やはり丁寧(ていねい)な言い方で聞くほうがいい。

○ **What department do you work in, again?**

「あなたの部署はどちらでしたっけ？」ということ。

「どちらでお会いしたのでしたか？」は――

○ **Where did we meet?**

もっと丁寧に言いたいときは――

○ **Could you remind me where we met?**

「どちらで私のことをお聞きになったのですか？」と聞きたいときは――

○ **Where did you hear about me?**

○ **Who told you about me?**

間違いない！
Absolutely!
【 エァぶスルーとリィ 】

「間違いなく！」とともに、きっぱり肯定する言葉として市民権を得た。

- ○ Right.
- ○ It must be.
- ○ Without a doubt.

いずれも十分、通用する。しかし、キレがない。

- ○ No doubt!
- ○ You bet!
- ○ Undoubtedly!

すべてOK。しかし、やはり何かが足りない。

アメリカ人が「間違いなく！」風に多用する言葉がある。

- ◎ Absolutely!

100パーセントの肯定や同意を示している。

- ○ You're absolutely right!

「あなたは100パーセント正しい」ということ。

- ○ Absolutely not!

「絶対にダメ！」「絶対に違う！」ということ。

100パーセントまでは同意できないが、「おそらく」「たぶん」程

度の同意を示したいときはなんと言うか——

- **Maybe so.**
- **It might be so.**
- **You might be right.**

この場合、may と might の意味合いに大きな違いはない。

☞ ほんとうは「反対」だけどホンネや本心を言いにくいときの逃げ道としても使う。

「もしかしたら」「ひょっとしたら」程度のときは——

- **It could be so.**

アメリカ人の言い分

押しつけがましい困った言い方

アメリカ人は断定好きです。自信過剰で思いこみの強いところもあります。そうした国民性が「押しつけがましさ」につながりやすいのは事実です。たとえば他人に本や映画をすすめるとき、こんな言い方をする人がいます。"You'll love this."——どうです、これ？

日本の方々なら「あなたはこれを気に入るでしょう」程度にやさしく解釈するかもしれません。でも同じアメリカ人が聞くと、「気に入るべきだ」を通り越して「気に入れ！」と強制しているように聞こえてしまうのです。こういうときは、やっぱり日本風にやさしく言うほうがいいよね。たとえば "I think you'd like this." とか。

むかつく！
That gets me!
【ぜァ～とゲッつミー】

「むかつく」本来の意味は「むかむかして吐きそう」なこと。そのまま訳すと——

- △ I want to vomit.
- △ I want to throw up.
- △ I want to puke.【ピューく】

いずれも、「吐きそう」。
しかし「むかつく！」は、実際には「腹がたつ」とか「気に入らない」の意味で口にすることのほうが多い。

- ○ That makes me angry!
- ○ He made me so mad!
- ○ I was disgusted by his attitude!
- ○ He pissed me off.
- ○ It was so pissed off.

piss offは「怒らせる」「イライラさせる」。

☞ Pissだけだと「小便をする」（動詞の場合）、あるいは「小便」（名詞の場合）。

この種の言い方は星の数ほどあるが、あまり上品と言えないセリフも多いから要注意。

sickは「気分が悪い」「腹が立つ」の両方に使えることがある。

◎ **That makes me sick!**
△ **I feel sick!**

feel sickは「吐きそう」のみに対応。

× **That's sick!**

「趣味が悪い」とか「不健全だ」という意味になる。

☞ たとえばsick humorは「悪趣味な冗談」、sick fanciesは「不健全な空想」のこと。

意外なようだが、こんなセリフも状況と言い方しだいで「むかつく！」のニュアンスとなる。

◎ **That gets me!**
◎ **His attitude got me.**

このgetは、人の心のなかにまで入りこんで、感情を強く揺り動かすような感じを意味している。
場合によっては、逆に「感動する」とか「感激する」という絶賛の言葉にもなる。

◎ **That gets to me!**

イディオムのget toも基本的にはgetと同じで、「むかつく」から「素晴らしい」まで幅広く使える。

無理ッ！
No way!
【ノウ・ウェイ】

「無理」の語源は「道理に反する」こと。
　○ **Unreasonable!**
転じて「実現困難」を意味するようになり、さらには「実現不可能」を意味するようになったらしい。
　○ **It's difficult!**
　○ **Impossible!**
いずれも「無理」の意味で使える。

しかし、一部の若い女性が「無理ッ！」と叫ぶときは、単に「いやッ！」であるケースが多いらしい。
　○ **No!**
「いやッ」ではあるが、「無理ッ！」としては弱い。
　○ **Out of the question!**
　○ **Not in the realm of possibility!**
それぞれ「論外！」「可能性ゼロ！」という意味だが、簡潔さに欠け、やや面倒くさい。

　◎ **No way!**
簡潔、かつ絶対的な拒否。「無理ッ！」に似ている。

「無理めの女」

「無理」の応用形に「無理めの」がある。本来、「無理そうな」とか「無理であろう」と言うべき事象に使われる。

◯ **This company is out of my league.**

「無理めの会社」

◯ **That university is out of your league.**

「無理めの大学」

☞「セ・リーグ」「パ・リーグ」や「メジャーリーグ」のleagueだが、out of one's leagueの場合は「領域」とか「階級」の意味。

より柔軟に使える便利な単語がbeyondである。

◎ **She is beyond you.**

ズバリ、「キミには無理めの女」。

◎ **That subject is beyond your depth.**

直訳すれば「この問題はキミの背丈より深い」。つまり「かかわったら溺死するほど危険だ」と警告している。

☞ beyond one's depthに似てなくもない言い方にover one's headがある。

◯ **He's in over his head.**

彼は自らの能力や許容範囲を超えたところに入り込んでいる……。要するに「無理しすぎ！」ということ。

もったいない
What a waste!
【ほワとァ**ウェイ**すと】

エコの分野では世界共通語となりつつある日本語。
　○ **Mottainai!**
外国でもエコ意識の強い人なら、そのままでわかってくれるかも……。
ケニア出身の環境保護活動家でノーベル平和賞を受賞したWangari Maathai（ワンガリ・マータイ）さんがMottainai Campaign（もったいない運動）を展開し、mottainai spirit（もったいない精神）を世界に広めた。

ただし一般のアメリカ人と語りあうときは——
　◎ **What a waste!**
wasteは「無駄づかいする」などの意味で動詞として使われることも多いが、この場合は「浪費」「無駄づかい」という意味の名詞。
☞ waste of timeは時間の浪費、waste of energyはエネルギーの浪費、waste of resourcesは資源の浪費。"Don't waste your breath."は「言っても無駄」。

「彼女は彼にもったいない」などというときは、また別。
　○ **She's too good for him.**

エコ関連用語

●**eco-friendly** 「生態系にやさしい」「環境にやさしい」
ecoはecology(「生態学」「環境保全」など)の略語。
friendlyは「……に無害な」。たとえばearth-friendlyは「地球にやさしい」、kid-friendlyは「子どもにやさしい」、user-friendlyは「使用者にやさしい」つまり「使いやすい」。

●**green** 「生態系を守る」「環境保護派の」
ecologicalの同義語として世界中に広まった。
green movementsは「環境保護運動」、going greenは「環境保護派になる」、green livingは「生態系を重視する生活」。
greenwashingは「うわべだけの環境保護派」。「白塗り」を意味するwhitewashingにひっかけた言い方。
green peasは「エンドウ豆」だが、Greenpeaceは国際的かつ戦闘的な反核環境保護団体の名称。

●**sustainable** 「持続可能な」「枯渇しない」
環境や生態系を破壊せずに継続できるということ。
sustainable energyは太陽光や風力など「化石燃料を使わない燃料」、sustainable agricultureは「土地を消耗させない農業」のこと。
混同されやすい「再生可能な」は、reusableまたはrecyclable。

やっぱりね…
I knew it.
【アイヌューイと】

単なる相づちとして発するなら——
- ○ **Sure enough.**
- ○ **After all.**

この手の言葉はいくらでもある。

もう少し明確に「思ったとおり」と主張したいなら——
- ◎ **I knew it.**

「私にはわかっていた」ということ。少々、自慢じみた響きはあるが、相づちとしても気軽に口にされる。
- ○ **Just what I thought.**
- ○ **As I expected.**

よくないことが起こったときには——
- ○ **As I suspected.**
- ○ **As I feared.**

「心配していたとおりになってしまった」とか「恐れていた事態が生じた」ということ。
- △ **Didn't I tell you so?**

「言ったとおりだろう」というニュアンスで、やや説教っぽい響きがある。

Jump!

「あっはー」「んフ？」以外の相づち②

プラスαとして覚えておくとなかなか便利なのは——

- **Then what?**
- **And then?**

「それで？」と先を聞きたがる言葉。当然、相手は喜ぶ。

- **I didn't know that.**
- **What a surprise!**
- **How surprising!**

「初耳だ」「驚いた」ということ。これも相手は喜ぶ。

- **Wow!**【ワオッ】
- **You mean it?**
- **Come on!**【カマ〜ン】

驚きを表す言葉。やはり相手は喜ぶ。

- **Sounds interesting.**
- **Sounds fun.**

「おもしろそうだね」。もちろん、相手はとても喜ぶ。

- **Well...,**
- **Let me see...,**

ちょっと考えたいとき、間合いを置きたいときなどに。

- **Sorry?**

相手の言葉を聞き取れなかったときに。

- **You know,**【ユノウ】

ほとんど意味はない。

わたし的には…
As for me,
【エァずフォあミー】

自分の意見を述べる際の前置き。

- △ In my opinion, ...
- △ To my way of thinking, ...
- △ Personally, I think...

いずれもきっちり意見を述べるときの前置き。

☞「わたし的には」の場合は、本来不要な「的」を添えることで発言者としての責任をあいまいにし、批判を避けたいという魂胆が見え隠れしている。

この「的」はなかなかやっかいで、そのまま英単語に置き換えるのはむずかしい。そこで「責任をぼかしたい」という魂胆に着目して、できるだけ自然な英語表現を探してみる。

- ○ I suppose that...,
- ○ I don't know for sure, but...
- ○ I guess...,
- ○ I'd say...,
- ○ If you ask me...,

いずれも、自分の意見をオブラートにくるんで伝えるときの決まり文句。奥歯にものがはさまったような言い方だから、「わたし的には…」に似ている。

◎ As for me, I don't think so.
◎ As I see it, that's better than this.

as for meは「わたしの場合は」「わたしはどうかといえば」、as I see itは「わたしが思うに」。いずれも短いフレーズでありながら、発言全体の意味合いをぼかしてしまう効果がある。

◎ Me? I'd say this is cool.

さらに省略。「僕的にはカッコイイと思うよ」ということ。

アメリカ人の言い分

通じればいいんじゃん？

あなた的、田中さん的、猫的……。もはや「的」は何にでもくっつくみたいです。この「的」を聞くたびに、likeを連想します。本来は「……のような」の意味だけれど、1970年代にロサンゼルス郊外のSan Fernando Valley周辺の少女たちが勝手気ままな使い方をはじめました。いわゆるValleyspeakです。たとえば"I have, like, no energy."とか、"I, like, exploded."のように、言葉の間に気ままにはさみこむ。"I was, like, 'Who cares?'"なら「どうでもいいじゃんって感じ」になります。誇張したことを言うサインでもあるんだね。文法的にメチャクチャなので当初は「言語文化の破壊」などと批判されましたが、いつしか全米にじわじわと浸透しました。「的」と同じく、便利で使いやすかったからでしょう。It's, like, whatever works. 通じれば、なんでもいいんじゃん……って感じ？

ジャン・ユンカーマン（John Junkerman）

1952年、米国ウィスコンシン州に生まれる。1969年、慶應義塾志木高校に留学。スタンフォード大学日本語科卒業、ウィスコンシン大学大学院修士課程修了後、新聞記者を経てドキュメンタリー映画監督となる。日本を舞台とした作品に「劫火」「老人と海」「夢窓」「映画 日本国憲法」、米国を舞台とした作品に「歌うアメリカ」「チョムスキー 9.11」など。2012年より早稲田大学大学院国際情報通信研究科の専任教授。

松本 薫（まつもと・かおる）

1956年、東京都に生まれる。早稲田大学卒業。フリーライター、翻訳家。ジャン・ユンカーマンとの結婚後、米国マサチューセッツ州で7年間生活。ユンカーマンとの共著には『日常会話なのに辞書にのっていない英語の本』（講談社＋α文庫）、『英会話海外生活ひとこと辞典』（DHC）などがある。翻訳書には『私の人生を変えた黄金の言葉』（主婦と生活社）、『アメリカは恐怖に踊る』（草思社）、『アメリカ帝国の衰亡』（新潮社）などがある。

日常語なのに日本人が知らない英語の本
アメリカ人がいま使っている！
2014年5月12日　第1刷発行

著者	ジャン・ユンカーマン ＋ 松本 薫
発行者	古屋信吾
発行所	株式会社 さくら舎　http://www.sakurasha.com
	〒102-0071　東京都千代田区富士見1-2-11
	電話（営業）03-5211-6533
	電話（編集）03-5211-6480
	FAX 03-5211-6481　振替 00190-8-402060
装丁	三田村邦亮
本文組版	朝日メディアインターナショナル株式会社
印刷・製本	中央精版印刷株式会社

©2014 John Junkerman + Kaoru Matsumoto Printed in Japan
ISBN978-4-906732-74-6

本書の全部または一部の複写・複製・転訳載および磁気または光記録媒体への入力等を禁じます。これらの許諾については小社までご照会ください。
落丁本・乱丁本は購入書店名を明記のうえ、小社にお送りください。送料は小社負担にてお取り替えいたします。なお、この本の内容についてのお問い合わせは編集部あてにお願いいたします。
定価はカバーに表示してあります。

さくら舎の好評既刊

小貝勝俊

奇跡の「東大の英語」
中学生レベルの単語でできる英語上達法

こんな勉強法があったのか！ 日本一よくできた英語の50問で、見違えるほど英語力が上がる！ 英語の「地頭力」を鍛えるのにうってつけ！

1500円（＋税）

定価は変更することがあります。